CLAUS KLEBER
RETTET DIE WAHRHEIT!

Das Buch

Informationen sind die Währung des 21. Jahrhunderts. Doch die Wahrheit hat es derzeit schwer – im politischen und gesellschaftlichen Dialog zählen Emotionen heute offenbar mehr als belegbare Tatsachen. Was passiert mit einer Gesellschaft, in der Fake News Menschen manipulieren und das Vertrauen in die Politik und die Medien nachhaltig erschüttern? Was lässt sich tun, um der Orientierungslosigkeit und der Streuung von Unwahrheiten ein Ende zu setzen? Auch im Zeitalter von Social Media ist Lieferung und Aufarbeitung von Information eine Sache für professionelle Journalisten, die ihren Job ernst nehmen und sich nicht auf ungesicherter Wissensbasis in den bequemen Mainstream ziehen lassen. Jammern bringt nichts, wir müssen noch besser werden, fordert der Autor.

Der Autor

Claus Kleber ist promovierter Jurist und war von 1986 bis 2002 Hörfunk- und Fernsehkorrespondent der ARD in den USA und in London. Seit 2003 moderiert er das *heute-journal* im ZDF: Er produzierte preisgekrönte Dokumentationen und Reportagen für ARD und ZDF, zuletzt gemeinsam mit Angela Andersen die ZDF-Reportage *Schöne neue Welt* (2016) über das Silicon Valley. 2015 wurde Kleber zum Honorarprofessor für Medienwissenschaft an der Universität Tübingen ernannt. Er ist Autor der Bestseller *Amerikas Kreuzzüge* (2005) und *Spielball Erde* (2012).

CLAUS KLEBER

RETTET DIE WAHRHEIT

Ullstein

ISBN 978-3-550-05033-6

© Ullstein Buchverlage GmbH, Berlin 2017
Alle Rechte vorbehalten
Umschlaggestaltung: Sabine Wimmer, Berlin
Umschlagfoto: © Ingo Espenschied
Gesetzt aus der Adobe Garamond
Satz: LVD GmbH, Berlin
Druck und Bindung: CPI books GmbH, Leck
Printed in Germany

Inhalt

Am Anfang ein Tiefpunkt

Auf den Angriff war ich nicht vorbereitet. Nicht hier. Ich durfte mich unter Freunden wähnen. Der Hörsaal in Heidelberg war bis auf den letzten Platz gefüllt. Jeder im Raum hatte eine schöne Summe bezahlt, um mir zuzuhören. Das Geld ging an ein Hilfswerk in der Stadt, das von Armut bedrohte alleinstehende Frauen unterstützt. Von den Gästen des Abends kannte niemand solche Gefahr aus eigener Erfahrung. Hier versammelte sich die »bessere Gesellschaft«, um einem sozialen Zweck zu dienen und sich zu unterhalten. Die Gespräche beim Aperitif waren von Weltoffenheit und reichem Informiertsein geprägt. Hier war die verfluchte Elite unter sich, mit einem Mann der Mainstream-Media als Unterhaltungsprogramm.

Der Vortragsteil schien mir wunderbar zu laufen, ich schaute die ganze Zeit in offene, freundliche Gesichter, sie lachten von Herzen an den vorgesehenen Stellen und hörten ansonsten so gespannt zu, dass der Aufprall der sprichwörtlichen Nadel Unruhe erzeugt hätte. Erst im Frage-Antwort-Teil, als es um meine Arbeit an sich geht, um Journalismus, bemerke ich eine Dissonanz und beschließe, den Stier bei den Hörnern zu packen. Mit einer Provokation.

»Sie sorgen sich um die Staatsferne des Fernsehens?«, locke ich.

Ja, allerdings, schweigen sie zurück – jetzt mit hochgezogenen Augenbrauen –, und ich nehme den Ball auf: »Ich verstehe Ihr Problem nicht. Wir sind öffentlich-rechtlich. Dem Gemeinwohl verpflichtet. Da ist es doch völlig normal, dass sich die Führung des Staates mit uns ins Benehmen setzt. Keine Anweisungen, um Gottes willen. Aber was ist denn schlecht daran, wenn wir uns austauschen, wenn sich die Kanzlerin oder Steffen Seibert, ihr Staatssekretär für Presse, früher ein sehr geschätzter Kollege, regelmäßig mit unserer Chefetage oder auch mit Arbeitern wie mir zusammensetzt und abklärt, wohin der Hase läuft. Wann es zum Beispiel doch mal Zeit ist zuzugeben, dass die vielen Flüchtlinge nicht nur eine Bereicherung sind, sondern auch einen Haufen Probleme bringen. Oder wann die dauernden Vorwürfe gegen Putin wegen seiner Ukraine-Politik – oder gegen Erdogan wegen der Unterdrückung der Menschenrechte – zu viel werden und es vielleicht Zeit wird, den Fuß mal vom Gas zu nehmen. Schließlich braucht Deutschland die beiden als Partner – den einen für den Frieden und den anderen gegen die Flüchtlingsströme.«

Wir sind in einem Medizin-Hörsaal. Die ansteigenden Sitzreihen bilden ein Amphitheater. Das Publikum schaut auf mich hinunter wie Studenten auf den Seziertisch. Ich spüre, dass es meinem absurden Gedankengang folgt, und lege nach: »Das sind nur Beispiele. Der Staat hat viele Interessen, manche sind für uns alle lebenswichtig, und natürlich muss die Presse insgesamt und müssen besonders wir als Öffentlich-Rechtliche darauf Rücksicht nehmen. Das ist doch unsere Pflicht und Schuldigkeit!«

Dann geht mir die Luft aus. Aus dem Publikum: kein Geräusch, kein Protest, niemand steht auf, keine Tür knallt. Ich kann es nicht fassen. Und behalte nur mühsam die Contenance. »Wer von Ihnen stimmt mir da einigermaßen zu?« Zwei-, dreihundert gestandene Frauen und Männer schauen sich erst einmal um. In diesen Kreisen neigt man wohl nicht zu spontanen Bekenntnissen. Dann trauen sich die Ersten, und langsam gehen immer mehr Hände nach oben. Es ist die ganz große Mehrheit, die der Kanzlerin so treue Gefolgschaft gönnt. Gegenprobe: »Findet das jemand verwerflich und schlimm?« Jetzt muss ich lange suchen, bevor ich eine Handvoll Opponenten ausmachen kann.

Es ist unglaublich. Sie meinen es offenbar nicht böse, aber das ist der schlimmste Angriff auf meine Journalistenehre, den ich mir vorstellen kann. Gerade weil er so freundlich und selbstverständlich daherkommt. Mein Entsetzen ist ernst, aber das Drama, das ich jetzt aufführe, schon ein bisschen übertrieben.

»Das kann doch wohl nicht wahr sein«, dröhne ich in den Saal. »Was kommen Sie überhaupt her, wenn Sie mir so was zutrauen? Natürlich tun wir das NICHT!« Ein paar verlegene Lacher kommen von Leuten, die gerade noch aufgezeigt hatten und Staatshörigkeit offenbar völlig in Ordnung finden. Wo ich jetzt schon mal dran bin, räume ich den Rest gleich mit ab, versuche es wenigstens. »Ich arbeite seit dreißig Jahren in Fernsehsendungen, die jeden Tag ein Millionenpublikum haben. Das *heute-journal* ist nach meinem Verständnis das einflussreichste Nachrichtenmagazin überhaupt. Ich stehe mit meinem Kopf dafür. Da läuft kein Beitrag, mit dem ich nicht einverstanden wäre. Wenn irgendjemand in Berlin die Sendung steuern wollte, hätte der mich in all den Jahren mal anrufen müssen. Da hat sich noch nie jemand gemeldet. Kann ich auch niemandem empfehlen. Wir würden das sofort an die große Glocke hängen. Und dann sage ich Ihnen das auch gleich: Ja, wir benutzen Teleprompter. Aber jedes Wort, jeden Gedanken, der da steht, habe ich reingeschrieben. Das ist mein Ding. Das hat kein Chef vorher zu genehmigen. Niemand. Erst recht keiner von denen, über die wir berichten. Und wenn wir einen Minister oder die Kanzlerin im Interview grillen, haben wir die Fragen nicht abgesprochen. Schon gar nicht mit den Interviewten. Das wäre ja, als würde Lewandowski dem Torwart zeigen, wohin er den Elfmeter zielt. Was wir da machen ist kein Theater. Wir meinen es ernst. Einen Unterschied zum Fußball gibt's allerdings: Die Politiker sind für uns keine Gegner. Wir müssen sie nicht besiegen. Aber wir sind ihre Antagonisten. Es ist unser Job, sie mit Gegenpositionen zu konfrontieren und ihnen so wenig wie möglich Gelegenheit zu geben, sich rauszuwuseln, wenn ihre Argumente Schwächen haben. Wer sich das vornimmt, kann nicht vorher mit denen kungeln.«

Langsam sehe ich, wie in manchen Gesichtern ein Licht angeht. Eigentlich sollte das, was ich da sage, selbstverständlich sein. Jetzt, wo ich vor ihnen stehe und sie wohl merken, wie getroffen ich bin von ihrem Verdacht, kommt meine Botschaft an. Wahrscheinlich ist nicht jeder überzeugt, aber wir scheiden am Ende des Abends mit neuen Erkenntnissen. Auf beiden Seiten.

Ich glaube, dass manches von dem, was wir so jeden Tag treiben und auf die Beine stellen, die Bedingungen, unter denen wir arbeiten, die Sorgen, die wir haben, bekannter werden müssen. Nicht alles ist erfreulich. Nicht immer sehen wir gut aus. Wir müssen besser werden. Auch das kann man ruhig erzählen. Offenheit ist das beste Mittel gegen Lügenfressen. Und ich bin überzeugt, dass unsere Demokratie nicht überleben kann ohne Medien, ohne Journalisten, denen man – bei allen berechtigten Zweifeln – im Grunde traut. Darauf wird es in Zukunft noch mehr ankommen als heute. Deshalb diese Streitschrift.

Null Anweisung – Ein Tag im *journal*

Wer entscheidet, was abends im *heute-journal* läuft? Die Frage wird oft gestellt. Ich kann sie nicht mit einem Satz beantworten. Aber ich kann berichten, wie ein Tag in der Redaktion abläuft. Nehmen wir 11/7/17 – den Dienstag nach dem Hamburger G20- und Krawallwochenende. Ein fast x-beliebiger Tag.

10.00 Uhr – Start mit einem weißen Blatt

Er beginnt damit, dass der Redakteur, der sich um die Planung gekümmert hat, hoffnungsvoll in die Runde sagt: »Vielleicht können wir uns einen Tag Hamburg-Pause gönnen.« Für einen Augenblick kann ich die Erleichterung spüren. Sehen kann ich sie nicht. Moderatoren sind bei der ersten Besprechung um zehn Uhr morgens meist telefonisch dabei. Der Glaskasten der Schlussredaktion im Sendegebäude ist dagegen schon gut besetzt: Redaktionsleitung, Planer/in, die beiden Schlussredakteur/innen, die für diesen Tag die Fäden in der Hand halten, die Produktion, die dafür sorgt, dass Reisen, Satellitenverbindungen und auswärtige Studios, Leitungen und Technik passend gemacht werden, der »Frühreporter«, der sich in die ersten Recherchen stürzt, usw. Manchmal acht, manchmal ein rundes Dutzend Redakteurinnen und Redakteure. Niemand sonst. Sie alle gehören zum eingeschworenen Kreis der *journal*-Redaktion. Einige von ihnen haben einen 14-Stunden-Tag vor sich. Aus eigenem Antrieb. Niemand will nach acht oder zehn Stunden eine halb vorbereitete Sendung an eine zweite Schicht, in andere Hände geben.

Wer so weit gestürmt ist, will um 21.45 Uhr auch den Schuss aufs Tor machen und senden. Also werden sie bleiben.

Ein hamburgfreier Tag? Warum nicht? Es fühlt sich an, als hätten wir ewig nichts anderes als Hamburg gemacht. Von der außer Kontrolle geratenen »Welcome to Hell«-Demonstration am Donnerstag bis zum Montag der ersten Bilanzen. Die Regierungserklärung des angeschlagenen Bürgermeisters Olaf Scholz ist erst für Mittwoch angekündigt. Ein Dienstag ohne Bilder von vermummten Gestalten, brennenden Autos und Barrikaden, Wasserwerfern und martialisch aufgerüsteter Polizei würde Redaktion wie Zuschauern guttun. So unser Gefühl morgens um zehn. Unser Land und die Welt haben auch andere Sorgen, und wir wollen sie nicht noch länger unberichtet lassen und haben anders geplant.

Seit Wochen nähert sich diesem Dienstag ein Thema wie ein Riesentanker, sperrig und unausweichlich: Das Urteil des Bundesverfassungsgerichts über das Tarifeinheitsgesetz der Bundesregierung. Es ist so kompliziert wie der Name und von enormem politischem Gewicht. Es geht darum, ob kleine Berufsgewerkschaften wie die der Lokführer, der Piloten oder der Klinikärzte weiterhin ganze Betriebe oder gar das ganze Land lahmlegen dürfen, um ihre Forderungen durchzusetzen. Jede Einschränkung ihres Streikrechtes berührt ein Grundrecht unserer Verfassung. Aber ganz ohne Einschränkung kann es aus praktischen Gründen kaum bleiben. Arbeitsministerin Andrea Nahles wäre schwer beschädigt, wenn »ihr« Gesetz für verfassungswidrig erklärt würde. Bei solchen Themen versucht das *journal*, besonders »journalig« zu sein, wie wir das nennen. Es gilt, die Interessenlagen transparent zu machen, die politischen Fallstricke zu zeigen und die rechtlichen Zusammenhänge zu erklären. Dieses Thema ist eine besondere Herausforderung. Nicht mal die Gewerkschafter sind sich einig. Der große DGB sieht das anders als die Organisation der Lokführer. Keine Seite dieses Konflikts soll am Ende sagen können, wir hätten ihre Argumente nicht fair dargestellt. Und jeder Zuschauer soll verstehen können, wie das Urteil sein Leben berührt. Die Kollegen der Redaktion »Recht und Justiz« sind tagsüber mit großem Besteck nach Karlsruhe gezogen, weil sie dort die Verfahrensbeteiligten beieinanderfinden. Es gab seit Tagen Überlegungen in der Grafik, wie sich die Interessen darstellen lassen. Wir können loslegen. Uns fehlt nur noch das Urteil. Das Thema wird mehr als nur einen Bericht über Urteil und Rechtsfragen brauchen. Wir werden Reaktionen abfragen. Und vielleicht ein Gespräch führen – je nachdem, wie das Urteil ausfällt, mit Frau Nahles oder mit einem der Gewerkschafter. Als die Runde sich auflöst, 10 Uhr 20, sind wir uns ziemlich sicher, dass Karlsruhe und die Folgen die Sendung beherrschen werden.

Es gibt noch eine ganze Reihe anderer Themen, um die sich Redakteure bei uns oder in den Studios in In- und Ausland kümmern. Der »Libero« des Tages – ein Redakteur, der sich plötzlich auftauchender, aktueller Storys annimmt – will sehen, ob sich zum Jahrestag des Auslaufens der »Exodus« etwas machen lässt. Das überladene Schiff voller jüdischer Migranten hatte an diesem Tag vor siebzig Jahren, 1947, den französischen Hafen Sète Richtung Palästina verlassen, feindselig eskortiert von britischen Kriegsschiffen, die Befehl hatten, das Flüchtlingsschiff nie in dem britischen Mandatsgebiet ankommen zu lassen. Es wurde ein besonderes Kapitel der europäischen Nachkriegsgeschichte, in dem Deutschland auch ein Schauplatz war. Das ist siebzig Jahre her, das Gegenteil von Aktualität, aber jemand hat den unauffälligen Jahrestag im Deutschlandfunk aufgeschnappt, und die Erinnerung könnte in die aktuelle Landschaft passen.

10.20 Uhr – Und nichts ist klar

Niemand hat irgendetwas beschlossen oder gar angewiesen. »Schau'n wir mal« ist meist das Ende dieser Besprechung, und wir ahnen, dass einige sich in den nächsten Stunden vergeblich eine Menge Arbeit machen mit Themen, die es nicht in die Sendung schaffen werden. Man weiß nur nie, welche. Manchmal sind Außenseiter im Hoffnungslauf des Morgens am Abend der »Aufmacher«, der erste Bericht der Sendung. »Der Tag ist ja noch jung« ist auch so ein Spruch in der Redaktion. Manchmal um 16.00 oder sogar um 20.00 Uhr noch. Es ist zum Verrücktwerden. Wir lieben es.

Katharina Wilms, an diesem Tag die »Chefin vom Dienst«, geht ein paar Räume weiter in die Morgenrunde der Aktualität, um anderen aktuellen Sendungen zu sagen, was das *journal* zurzeit plant, und zu hören, was in den anderen Redaktionen läuft.

Ich vertiefe mich zu Hause in die Tücken des Tarifeinheitsgesetzes. Auch um zu sehen, wen ich am Abend als Gesprächspartner am spannendsten finden würde. Irgendjemand wird wohl beim Urteil Federn lassen. Dann stellt sich die Frage, ob Sieger oder Verlierer das bessere Interview versprechen.

Um die Mittagszeit, ich will gerade losfahren zum Lerchenberg, kommt eine Mail von Katharina. Wir kommunizieren viel per Mail, sogar über den Flur. »Das sollte kein hamburgfreier Tag sein«, beginnt sie. Für ihr Empfinden hängt der Themenkomplex noch dick in der Luft. Auch die politischen Folgen. Die Linke versuche, sich aus der Assoziation mit den Randalierern von Hamburg rauszuwinden, die Rechten versuchten die Linke dort festzunageln. Müsste man dieses durchsichtige Spiel nicht aufspießen? Oder Justizminister Maas? Der will als Konsequenz aus den Hamburger Krawallen eine europäische Extremistendatei. Wie soll die funktionieren, wo noch nicht mal Terrorfahndung über Grenzen hinweg klappt? Reicht ein unbestimmter Verdacht, um in dieser Kartei zu landen? Sollte man ihm da nicht auf den Zahn fühlen? Ich kann mir das vorstellen. Und dann ist da noch die seltsame Geschichte mit den zurückgenommenen Akkreditierungen von Journalisten bei G20. Da sind uns die Kollegen der ARD einen Schritt voraus. Ihre Kameras haben einen so klaren Blick auf die Liste der Verdächtigten erwischt, dass die Namen lesbar sind. Aber natürlich lässt uns die befreundete Konkurrenz an dieses Exklusivmaterial vorläufig nicht ran.

Fürs Erste hat die Schlussredakteurin die Kollegen im Studio Hamburg gebeten, auf gut Glück ins ramponierte Schanzenviertel zu fahren und zu sehen, was sie drehen können. Vielleicht will ja jemand reden. Über das, was passiert ist, und über das, was jetzt folgen soll.

In den USA werden die Wolken um den Trump-Clan dichter. Aber da wollen wir nicht jedes Mal draufspringen. Wir schieben die Geschichte auf die Seite. Das Bundesverfassungsgericht bleibt ein dicker Brocken. Das Urteil ist inzwischen da, aber nicht eindeutig. Der Gesetzgeber müsse nachbessern, hat Karlsruhe verkündet. Sie hätten gewonnen, behaupten beide Seiten. Die Kollegen von »Recht und Justiz« stecken bis über die Ohren in der Analyse.

14.30 Uhr – Es müsste dringend klarer werden

In wolkiger Gemengelage beginnt unsere Tageskonferenz: zwei Dutzend Frauen und Männer zwischen Mitte zwanzig und Anfang sechzig, Praktikanten, Volontäre, Studenten mit einem Teilzeitjob, erfahrene Journalisten, Redaktionsleiter Wulf Schmiese, seine Stellvertreterin Andrea Halte, die Schlussredakteurin und ihr Co-Pilot, die Moderatoren des Tages, Gundula Gauses kleine News-Mannschaft, die Grafik, die Produktion. Jeder hat seine Meinung, jeder ist gefragt. Wulf Schmiese leitet die Sitzung, aber formale Hierarchie ist kaum spürbar. Es gibt eine Hierarchie der Argumente. Wer etwas »meint«, muss Fakten parat haben, bereit sein, sich einer Diskussion zu stellen. Solche Debatten können auch nerven, wenn sie endlos werden. Um 21.45 Uhr, in sieben Stunden, muss aus diesem Brainstorming ein überzeugendes *heute-journal* werden. Wir haben keinen anderen Auftrag als den. Schwierig genug.

Der Riesentanker »Tarifeinheitsgesetz« ist mit seiner enormen Verdrängung weiter auf Kurs. Was sonst? Ein Gespräch? Oder doch mehr Gewicht auf »Hamburg danach«? Die Kollegen dort haben angerufen, der Dreh laufe nicht schlecht, aber es werde 18.00 Uhr werden, bevor sie sagen können, ob daraus etwas Lohnendes entsteht. Noch seien die meisten Aussagen mau.

Was ist mit der Liste von Herrn Maas? Mit dem Schwarze-Peter-Spiel der Politik? Die Argumente fliegen eine Weile hin und her und drehen sich dann im Kreis. Heute bleibt alles zu beliebig, zu diffus, zu unspannend, um eine lange Debatte zu rechtfertigen. Manchmal entlädt sich Frust dann in einer scharfen Bemerkung. Es bleibt nicht immer sachlich, wir werden auch mal laut. Aber es gibt Leitfragen, von niemandem formal festgelegt, um die sich die Debatten ranken: Welche Geschichte kann der Beitrag erzählen? Ist sie relevant, interessieren wir uns selbst dafür? Welche Frage stellen wir an den Bericht, und kann er/wird er sie beantworten?

Was macht diese Geschichte mit der Mischung der Sendung? Wird alles in Grau und Sorge versinken, oder wird irgendwann auch mal eine Lösung, ein Fortschritt aufgezeigt? Es gibt Tage, an denen es nicht anders als düster geht. Aber ist heute so ein Tag?

Nicht alles ist objektiv messbar. Es spielt eine Rolle, ob wir als Redaktion die Erzählweise, den Stil eines Korrespondenten schätzen oder nicht so sehr. Manche haben bei Langzeitthemen wie Trump die Geduld verloren, andere glauben, wir dürften nicht nachlassen.

Es geht bei uns auch menschlich zu. In Fällen zum Beispiel, in denen ein Bericht aus aktuellen Gründen nicht zur Sendung kam, fühlen wir uns verpflichtet (sind es auch wegen der Kosten), ihn in den folgenden Tagen noch mitzunehmen. Irgendeiner nervt dann den Rest des Teams notfalls wochenlang mit der ständigen Erinnerung an die »schöne, wichtige Story aus Ex-Jugoslawien«.

Es gibt so viele Gesichtspunkte. Aber nicht ein einziges Mal hatte ich den Eindruck, dass jemand in der Redaktion versucht, die Sendung in eine bestimmte politische Richtung zu drücken. Weder im offenen Streit noch mit verdecktem Strippenziehen im Hintergrund. Die Frage, ob ein Bericht einer Partei oder einem Kandidaten nützen oder schaden könnte, ist mir in vierzehn Jahren, zehntausend Sitzungsstunden und Stehkonferenzen im *heute-journal* nicht ein einziges Mal begegnet.

Was wir aber unbewusst suchen, ist die Abwechslung, das Neue, das andere Argument. Das liegt Journalisten mehr im Blut als persönliche politische Vorlieben. Als Schröders *Agenda 2010* das heiße Thema war und Linke und Gewerkschaften die Erfolgsmarke »Montagsdemonstration« für sich kaperten, bildeten wir die Proteste eine Weile getreulich ab und sendeten reihenweise Berichte über die Verlierer dieser Reform, die ja zunächst tatsächlich wie eine bloße Kürzung von Sozialleistungen wirkte. Bald hing uns das zum Hals raus. Wir stellten uns die Frage, ob es nicht auch positive Effekte der Veränderungen gab. Betriebe, die investierten und Leute einstellten. Erst mal auf Zeit, aber irgendwann auch fest? Und siehe da, es gab sie. Inzwischen belegen das die langfristigen Beschäftigungszahlen, aber damals verlangte es Zeit und Mühe, solche Geschichten zu finden. Menschen, die davon erzählen konnten, versammelten sich ja nicht an festen Wochentagen auf zentralen Plätzen. Wir berichteten weiter über die Schattenseiten der Umstellung, aber wir hielten die Augen auf, und unsere Berichterstattung wurde umfassender. Der Begriff gefällt mir besser als »ausgewogen« – ein Wort, das krampfhaftes Bemühen suggeriert.

Das alles soll nicht heißen, dass persönliche Vorlieben, Ansichten und Rücksichtnahmen, auch politische, nie ins Programm geraten. Das geschieht naturgemäß leichter dort, wo keine Redaktion mit ihren *checks and balances* entscheidet, sondern ein einzelner Reporter/Korrespondent/Autor irgendwo »draußen« mit dem Thema ringt. Mit anderen Worten: Das kann theoretisch jeden Tag passieren, bei jedem Stück. Denn die meisten Sendungsbeiträge entstehen ja nicht auf dem Lerchenberg, wo das *heute-journal* und alle anderen Nachrichtenredaktionen des ZDF zu Hause sind, sondern in den In- und Auslandsstudios von Saarbrücken bis Singapur, von Kiel bis Johannesburg. Das größte steht Unter den Linden in Berlin. Dort arbeiten unter einem gemeinsamen Dach das Hauptstadtstudio für die Bundespolitik und das Landesstudio für die Ereignisse im Bundesland Berlin. Außerdem Redaktionen vom *Morgen-* und *Mittagsmagazin* über *Maybrit Illner* und *Frontal21* bis hin zu *aspekte*. Das ist ein beeindruckender Apparat mit großer journalistischer Kompetenz, aber am Ende sind es für die Macher einer Sendung wie das *heute-journal* dann doch nur ein, zwei oder drei Reporter, die eine Region, ein Sachgebiet oder eine Führungsperson »beackern«. Da wird es enger.

Ein Moderator, der fernab der Front in *splendid isolation* auf dem Lerchenberg seine Sendung baut, kann sich für seine vornehme Distanz leicht selbst auf die Schulter klopfen. Ein Reporter kann sich das nicht leisten. Er braucht Zugang zum Gegenstand seiner Berichte, zu den entscheidenden Figuren in einem Ministerium, zu den Einflussreichen in einer Partei oder einem Bundesland. Daraus kann Nähe entstehen, ein Übermaß an Verständnis, Beißhemmung. Es gab auch Fälle von Kumpanei, die nicht immer brutal genug geahndet wurden. Jeder solche Fall hat uns geschadet. Aber es sind Einzelfälle – so wenige, dass wir noch Jahre später über jeden einzelnen reden.

Lieblingsautoren der Nachrichtenredaktionen achten auf gesunden Abstand zwischen sich und den Gegenständen ihrer Berichterstattung. Ihre Texthaltung lässt Skepsis und Abstand spüren. Sie sind die Regel, und meist gelingt es uns, sie in den täglichen Verteilungskämpfen für das *journal* zu gewinnen. Wir kämpfen täglich um unseren Ruf, keiner Seite nahe zu sein.

Die beste Gewähr für umfassende, faire Berichterstattung ist aber kein Gesetzgeber und kein Rundfunkrat – obwohl sie enorm wichtig sind, wenn es gilt, die Rahmenbedingungen zu schaffen. Vielfalt auf dem Sender liefert eine Redaktion aus professionellen Journalisten, die so bunt wie möglich zusammengewürfelt ist. Sozial und kulturell, in Alter, geographischer Herkunft, Konfession, Lebensstil, Temperament, beiderlei Geschlecht und allerlei Geschlechtlichkeit. Wie der wilde, engagierte, bunte Haufen, der in einer für mich immer noch unerklärlichen Mischung aus Chaos und kluger Planung, Disziplin und Spontaneität Tag für Tag ein *heute-journal* auf den Sender bringt. Aber heute läuft es schleppend.

17.00 Uhr – journal 11/7/17 noch lange nicht in Form

Noch ist keiner unruhig, solche Tage gibt es oft, aber auf meinem Schreibtisch liegen jetzt fächerförmig Dossiers zu viel mehr Themen, als sie es je in die Sendung schaffen können. Sie kommen von der Researcherin – einer jungen Kollegin, die über den Tag aktuelle Meldungen, Hintergrundgeschichten und Analysen zu allen Entwicklungen auswertet, die einen Bezug zur Sendung haben. Sie wird, wenn ich endlich eine Moderation in unser Redaktionsnetzwerk getippt habe, die Fakten prüfen und mir hoffentlich auch ohne Hemmungen sagen, wenn sie etwas unverständlich, überflüssig oder uninteressant findet. Erst wenn *Research* den Text »abklickt«, schaut die Schlussredakteurin drauf und gibt als Zweite ihr Feedback. Auch jeder andere in der *journal*-Redaktion und die Reporter »draußen« können mir beim Schreiben quasi über die Schulter schauen, eine Mail schreiben oder mich anrufen. Das ist Arbeit in erbarmungsloser Transparenz. Die Moderatoren haben das letzte Wort, aber wir schätzen dieses (mindestens) Sechs-Augen-Prinzip. Es ist schwer, einen Lapsus zurückzuholen, den vier Millionen Menschen live gesehen haben.

Ich nehme mir als Erstes die Dossiers zum Themenfeld »Tarifeinheit« vor, das schwierigste Thema. Dafür sicher. Der Supertanker unter den Meldungen des Tages ist weiter auf Kurs in die Sendung. Trotzdem warten wir noch ab mit Interview-Anfragen an Ministerin Nahles oder den Lokführer-Gewerkschaftsboss Weselsky. Die werfen für einen Termin mit dem *heute-journal* schon mal ihre Abendplanung um, dann kommt man aus einer Verabredung schwer wieder raus, und noch ist das Nachrichtenbild zu unscharf, um uns festzulegen.

Das Landesstudio Hamburg versucht weiter, das Stimmungsbild »Schanze nach der Randale« rund zu bekommen. Berlin erlebt, dass sich die meisten Politiker wegducken und heute nichts zu G20 sagen wollen. Ohne neue Aussagen wird das schwierig, morgen vielleicht.

Jetzt ruft auch Washington an, weil Trump mit seinen Russland-Verbindungen in immer größere Schwierigkeiten gerät. Wir bleiben bei unserer Linie, nicht jede Regung dieser unendlichen Geschichte in die Sendung zu bringen. Erst mal weiter: »nein, danke«. Solche Entscheidungen fallen formlos, über den Flur. Und werden genauso schnell wieder zurückgenommen, weil alles mit allem zusammenhängt.

Das Hamburger Team meldet sich vom Dreh zurück. Sie finden, ihre Ausbeute lohne ein Stück. Gute Töne von den Menschen dort. Der Schutzraum um »Rote Flora« und links-aktivistische Fauna wird enger. Vielen der Nachbarn reicht's jetzt einfach. Aber auch das Vertrauen in Olaf Scholz, gerade noch beliebter Bürgermeister und Reserve-Kanzlerkandidat der SPD, ist heftig angeschlagen. Das kann ein Bericht werden, der Atmosphäre und politische Substanz zusammenbringt und der Sendung neben der komplizierten Analyse des Verfassungsgerichtsurteils guttun wird. Wir bitten Hamburg, loszulegen.

18.35 Uhr – Supertanker läuft auf Grund

Ich dränge mich in den engen Schneideraum, in dem die Kollegen von »Recht und Justiz« den Film über das Karlsruher Urteil schneiden. Aus meinem Jurastudium habe ich genug Halbwissen gerettet, um echten Experten auf die Nerven zu gehen. Nach ein bisschen Fachsimpelei fragen wir uns selbst: Was davon interessiert die Zuschauer? und sind uns einig: Die wollen vor allem wissen, ob es vorbei ist mit den ärgerlichen Streiks von Bahn und Lufthansa und Ärzten und was aus den Rechten der kleinen Gewerkschaften wird – werden die abgeschafft?

»Bekommen wir darauf eine Antwort?«, frage ich, »eine richtige Antwort, kein Einerseits/Andererseits?«

»Nein!«, kommt zurück. »Wir können die Konflikte darstellen. Aber jetzt ist noch mal der Gesetzgeber dran – nachbessern – und dann wahrscheinlich erneut die Gerichte. Es wird dauern, bis wir klarsehen.«

Damit droht das ein Bericht zu werden, wie wir ihn im *heutejournal* nicht senden wollen: Themen von großem Gewicht, die Menschen interessieren müssten, zu denen es aber keine greifbaren neuen Erkenntnisse gibt. Zu oft sind daraus ewig lange

Schwerpunkte geworden, von denen am Ende niemand etwas hatte. Natürlich können auch Nicht-Ergebnisse und Verschleppungen einmal Thema werden (ein Flughafen in Berlin, z. B.), aber dieser Punkt ist hier nicht erreicht. Was es heute substantiell Neues gibt, passt auch in dreißig Sekunden – ein wunderbarer Aufmacher für Gundulas Nachrichtenblock. Der Supertanker schrumpft zum Rettungsboot. Es wird keine grafische Darstellung geben, kein Ministerin- oder Gewerkschafter-Interview – die ganze Sendung bekommt plötzlich ein anderes Gesicht.

18.55 Uhr – Ein Coup

Der Libero steckt triumphierend seinen Kopf durch die Tür: Es gibt siebzig Jahre altes Originalmaterial von der Schicksalsfahrt der »Exodus« durchs Mittelmeer, und: Er hat zwei Überlebende dieses Dramas aufgespürt – außerhalb von Tel Aviv. Ein Team unseres Israel-Studios ist unterwegs zu ihnen. Es wird verdammt eng, aber das wird eine gute Geschichte. Inzwischen ist es 19.00 Uhr. Die Kollegen der *heute*-Redaktion überraschen uns mit einem starken Bericht des Studios Wien vom Brenner-Pass. Dort werden Vorbereitungen getroffen, die italienisch-österreichische Grenze für Flüchtlinge zu schließen. Das muss – vom eigentlichen Thema abgesehen – jeden Italien-Urlauber interessieren. Die Reporterin ist schon auf dem Heimweg, als Katharina sie erreicht. Sie kehrt ohne Zögern um und produziert noch eine *journal*-Version ihres Brenner-Films. Entsteht da nicht gerade ein Zweiklang zum Mega-Thema »Flucht«? Wir ergreifen die Gelegenheit. Ich nehme mir vor, als Moderator keinen Mucks zu machen, dass uns das Schicksal der Exodus vielleicht etwas zum Brenner zu sagen hat. Soll sich jeder seinen Teil denken. So oder so. Im Nachhinein: Vielleicht war diese Paarung – nebenbei und ohne Plan entstanden – die politischste

Redaktionsentscheidung des Tages. Auch sie fiel sekunden-
schnell, aus einer Situation heraus. Zwischen Moderator und
Schlussredakteurin. Ohne lange Debatte. Es geht nicht anders.
Ein starres Gerüst von langen Entscheidungswegen wäre eine
Garantie für langweilige, unpersönliche Sendungen – das Ge-
genteil von dem, was diese Redaktion will.

19.55 Uhr – Doch kein Tag ohne Trump

Es sind keine zwei Stunden mehr bis 21.45 Uhr, als sich der
Trump-Clan last minute eine Bahn in die Sendung bricht. Der
Sohn des Präsidenten gesteht per Twitter, dass er sich im Wahlkampf gemeinsam mit seinem Schwager Jared Kushner und
dem Chef der Trump-Kampagne mit einer russischen Anwältin getroffen hat, die ihm Schmutz über Hillary Clinton aus
russischen Regierungsquellen angeboten hatte. »I love it«,
schrieb Trump jr. in seiner Antwort. Jeder kann das jetzt im
Netz als Faksimile nachlesen. Das ist so ungeheuerlich, dass wir
der Trump-Geschichte nun doch Platz schaffen. Für lange Ab-
sprachen mit der Korrespondentin ist keine Zeit mehr. Ines
Trams in Washington muss schauen, was sie in der Schnelle zusammenbringt. Die Bilder vom entscheidenden Beweis – den
Tweets von Trump jr. – sind wenigstens öffentlich.

Katharina hat mittlerweile dem Studio London eine Geschichte abgenommen, die die Studiochefin am späten Nach-
mittag mit so viel Vehemenz anbot, dass wir sie mindestens anschauen müssen. Sie hat sie »auf gut Glück« gedreht. Es wurde
ein »Nach der Katastrophe«-Bericht über die Überlebenden des
verheerenden Brandes im Grenfell Tower. Aber eben nicht nur.
Er zeigt auch, wie die angeschlagene Regierung von Theresa
May den Boden unter den Füßen verliert. Als das letzte Bild ins
Schwarze geht, schauen wir uns nur kurz an: läuft! Ein guter

und sorgfältig gemachter Bericht über die deutsche Auto-Industrie im Doppel-Stress von Digitalisierung und E-Mobilität wird dafür auf die nächste Woche verschoben (und dort hervorragend passen).

Ganz am Ende – ich stecke schon in Moderationsklamotten und Krawatte – verschafft uns Sigmar Gabriel den Pfeffer, der der Sendung noch fehlte. Er wirft der Kanzlerin vor, den G20-Gipfel (»ein kompletter Fehlschlag«) für ihr Image inszeniert zu haben und nun, da es schiefging, die CDU auf einen »Gipfel der Verlogenheit« zu führen, indem sie ihre unteren Chargen gegen Scholz schießen lässt. Leider tut das Gabriel nur in einem Zeitungsinterview – und ist dann für kein Gespräch im Fernsehen zu haben. Ein alter Trick: auf die Pauke hauen und wegrennen. Wulf Schmiese durchkreuzt diese Taktik: Er lässt unsere Grafiker die Schlagworte aus dem Gabriel-Zitat mit einem Foto des Vizekanzlers auf eine virtuelle Video-Wand setzen und sie ins Studio »stellen« – ein kraftvolles Bild für die Risse in der Koalition. So bekommen wir die politischen Zusammenhänge zum Stimmungsbericht aus der Schanze. Jetzt wird es ein *journal*. Mit Hamburg, nicht mit Trump, soll die Sendung losgehen. Auch diese Entscheidung fällt mit schnellem Zuruf über den Flur in letzter Sekunde. Meinst du? Gut!

Die arme Make-up-Kollegin bekommt für ihre Kunst nur drei, vier Minuten zwischen Tür und Angel. Regisseur und Aufnahmeleiter verdrehen wie so oft die Augen, als ihr Chaot von Moderator mit »Sorry, sorry« an ihnen vorbeihechtet. »Ich möchte meine Freude darüber zum Ausdruck bringen, dass du es wieder einrichten konntest«, spottet Gundula cool. »Noch dreißig Sekunden«, tönt es aus dem Studio-Lautsprecher. Na bitte! So entsteht ein *heute-journal*.

Wer hat nun die wichtigen Entscheidungen getroffen? Der Sendung ihre politische Richtung gegeben? Wo blieben die Anweisungen von oben? Keine andere große Nachrichtensendung von ARD bis RTL hat die Prioritäten dieses Tages so gesetzt wie wir. Bei den Kollegen bekam der Supertanker »Tarifeinheitsgesetz« trotz des unklaren Urteils seine große Fahrt. Grenfell Tower und Exodus kamen nicht vor. So viel zum Mainstream.

Am nächsten Morgen, als aus verschiedenen Ecken des ZDF und aus der Mittagsrunde beim Chefredakteur Anerkennung für unsere Entscheidungen kommt, stecken wir schon wieder tief in der Vorbereitung für die nächste Ausgabe. Noch neun Stunden. Vieles ist unklar, manches in der Redaktion schon wieder umstritten. Und keiner sagt uns, was wir machen sollen.

Der Sündenfall Brender

»Wenn das so ist, was war dann mit Brender?« Jedes Mal, wenn ich das Hohe Lied von unserer Unabhängigkeit singe, kommt diese Frage. Die sogenannte Brender-Affäre prägte 2009 die medienpolitische Debatte und zerstörte Vertrauen in die Unabhängigkeit der Öffentlich-Rechtlichen, das in den Jahren zuvor mit Mühe aufgebaut worden war.

In der Sache ging es um die zunächst wenig aufregende Frage, ob Nikolaus Brenders Vertrag als ZDF-Chefredakteur ein zweites Mal um fünf Jahre verlängert werden sollte. Das kann man machen, muss es aber nicht. Daraus entwickelte sich ein Konflikt zwischen »Schwarzen« und »Roten«, zwischen Union- und SPD-Nahestehenden im Verwaltungsrat des ZDF, der zum Teil in aller Öffentlichkeit ausgetragen wurde, im Wesentlichen aber informell hinter den Kulissen. Er endete vor dem Bundesverfassungsgericht und veränderte die Grundlagen des öffentlich-rechtlichen Rundfunks in Deutschland.

Der Chefredakteur

Diese Geschichte kann niemand verstehen, der die Persönlichkeit von Nikolaus Brender nicht kennt. Er ist schon physisch mit seinen breiten Schultern, der schwarz-silbernen Stahlwoll-Frisur und dem mächtigen Schnurrbart eine Gestalt von grizzly-bäriger Präsenz. Er kann gutmütig, humorvoll und selbstironisch sein, aber auch toben, dass die Fenster wackeln. Ich habe an eigenem und fremdem Leibe erlebt, wie er in großen Konferenzen Menschen, die dachten, dass er ihr Freund sei, mit dröhnender Stimme und messerscharfen Formulierungen zusammenfaltete, wenn ihm etwas besonders heftig gegen den Strich ging. Das ist es vor allem, was dann im Gedächtnis bleibt. In unserer postheroischen Phase wirkt so eine Persönlichkeit auf manche wie aus der Zeit gefallen.

Brender kann genial sein und in Minuten wie aus dem Handgelenk Fernsehformate und Doku-Themen entwickeln, auf die man gerne selbst gekommen wäre, an die aber noch keiner gewagt hatte zu denken. Da ist Großartiges entstanden. Manches war seiner Zeit voraus.

Brender hat seinen Leuten mit breitem Rücken Ärger vom Leib gehalten, auch wenn sie es nicht unbedingt verdienten. Weil dieser Charakterzug für die Ereignisse eine Rolle spielt, ein Beispiel: In den Tagen nach Weihnachten 2004, die erschüttert wurden von dem epochalen Tsunami im Pazifischen Ozean, der mehr als 200 000 Menschenleben forderte, kam mir mitten in der Sendung eine Nachricht auf den Tisch. Ein Hubschrauber der Luftwaffe von Sri Lanka hatte Deutschlands Alt-Kanzler Helmut Kohl und seine Begleiter aus ihrem beschädigten Luxushotel an der Küste ausgeflogen. Tagsüber hatte ich in englischen Medien gelesen, dass einfache Menschen an geringfügigen Verletzungen starben, weil sie nicht rechtzeitig in die Hände von Ärzten kamen. Da rutschte mir nach der Meldung der Satz raus »Schwer vorstellbar, dass die Luftwaffe Sri Lankas nichts Dringenderes zu tun gehabt hätte«. In weit über 2000 Sendungen war das die Moderation, die mir bisher am meisten Empörung einbrachte. Von Zuschauern, die den Kanzler der Einheit beleidigt sahen, und von Offiziellen, die zumindest die Regeln des Anstands als verletzt reklamierten. Es ist nichts, worauf ich stolz sein kann oder was Brender hätte gut finden können, aber er wusste, wie gefährlich es ist, Journalisten – vor allem im Live-Geschäft – Scheren in den Kopf zu setzen, die

Spontanes, Authentisches nicht mehr auf den Sender lassen, und schwieg. Brender ist der Typ Chefredakteur, der lieber den Druck für solche Fehler aushält, als seinen Leuten die Schneid abzukaufen. Jedenfalls an guten Tagen. Ich habe erst sehr viel später erfahren, dass die Protestschreiben, die zu mir durchdrangen, nur der Nebenarm einer Lawine waren.

Vor und hinter Kulissen

Anfang 2009 machte das Gerücht die Runde, dass Brenders Verlängerung fraglich sei. Es gab im ZDF einige, die sich nicht nur heimlich darüber freuten. Es schien schon unsicher, ob der Intendant ihn weiter ertragen wollte. Solche Personalentscheidungen sind immer heiß, auch weil die Macht der Räte und der in ihnen sitzenden Parteienvertreter nirgendwo anders so unmittelbar wirkt wie bei der Auswahl, Bestätigung oder Nicht-Verlängerung (vulgo: Entlassung) des Spitzenpersonals.

Nach dem Staatsvertrag der Bundesländer, dem Grundgesetz des ZDF, braucht der Intendant für die Ernennung oder die Vertragsverlängerung eines Chefredakteurs eine Mehrheit von 9 Stimmen im 14-köpfigen Verwaltungsrat, dem kleineren, aber mächtigeren der beiden Kontrollgremien (das andere ist der 77-köpfige Fernsehrat).

So regelt das die ZDF-Version des Grundmodells, das die Besatzungsmächte (vor allem das Vereinigte Königreich) dem deutschen Rundfunk nach dem Krieg gaben. Das wirkmächtige Massenmedium sollte nie wieder einem Diktator anheimfallen, aber auch nicht dem freien Spiel der Märkte ausgeliefert sein. Stattdessen sollten Treuhänder, Vertreter von relevanten gesellschaftlichen Gruppen, Aufsicht führen, demokratische Spielregeln durchsetzen und eine faire Abbildung des gesellschaftlichen Diskurses garantieren. Das ist ein vornehm britisches

Konzept, das in der deutschen Wirklichkeit immer wieder unter die Wölfe einer Parteiendemokratie fiel – übrigens auch in seinem Mutterland, aber das ist eine andere Geschichte.

Die Spielregeln des ZDF schreiben ein klares Verfahren vor: Vorschlag, Abstimmung, Ernennung. Das ist in der Praxis viel zu schlicht, um dem Reiz der Beute gerecht zu werden. Es geht um Vorstandsposten in einem weithin sichtbaren Unternehmen mit zwei Milliarden Euro Jahresumsatz und erheblichem Einfluss auf die Herzen und Köpfe der Menschen. Da steht auch der Kopf von Akteuren manchmal auf dem Spiel.

Wenn formalisierte Abläufe dem Geflecht von Interessen nicht gerecht werden, verlagern sich Entscheidungsprozesse in den Untergrund der informellen Kommunikation. Inga Wagner hat das in einer vorzüglichen Dissertation beschrieben, allgemein und konkret am Fall Brender, der damit endgültig zum Schulbeispiel für den Parteieinfluss wurde. Nur dass es nicht wirklich um Parteipolitik ging.[1] Sein Nachfolger wurde schließlich Peter Frey, ein erfahrener Journalist von tadellosem Ruf.

Brender war am Ende seines ersten Fünfjahresvertrages über alle Parteigrenzen hinweg einstimmig für weitere fünf Jahre bestätigt worden. Der Streit begann erst fünf Jahre danach, vor der Entscheidung über eine zweite Verlängerung. Die Sache war längst öffentlich geworden, da brachte der langjährige stellvertretende Verwaltungsratsvorsitzende Roland Koch (Ministerpräsident von Hessen, CDU) das Argument auf, dass Brender für einen Niedergang des Publikumserfolges der ZDF-Nachrichten verantwortlich sei. Das war nie zuvor behauptet worden. Koch konnte den Vorwurf nie erhärten. Es gab diesen Niedergang nämlich nicht. Es gab allerdings auch nie einen Versuch der Konservativen im Verwaltungsrat, Brender durch einen der CDU »genehmeren« Kandidaten abzulösen. Es hätte den überkommenen Traditionen der Machtbalance im ZDF widersprochen, ist deswegen auch nicht passiert. Was sollte also der ganze Lärm, der die Feuilletons und Medienseiten der Republik fast ein Jahr beschäftigte, der in aller Munde war und bis heute nachklingt?

Um diese Frage zu beantworten, muss man sich kurz mit dem öffentlich-rechtlichen Machtspiel beschäftigen, speziell mit dem Gewerbe der Maler.

Die Anstreicher

Ich war etwa 16, als in mir Journalismus zum Traumberuf reifte. Den Mächtigen die Stirn bieten, hinter die Kulissen schauen, die Wahrheit ans Licht zerren und auf Kosten des Arbeitgebers die Welt bereisen, Geschichten sammeln und erzählen, am liebsten aus Amerika und am schönsten im Fernsehen, im *Weltspiegel* der ARD, das war es, wovon ich träumte. Anfang der siebziger Jahre des letzten Jahrhunderts boten nur ARD und ZDF solche Möglichkeiten. Privaten Rundfunk gab es nicht. Diese Sender – so redeten alle – waren von den Netzwerken der Parteien durchzogen. Zum Beispiel der »rote« WDR in Köln, wo ich lebte, der »schwarze« BR in München und natürlich das katholisch-konservative ZDF, das den Rechtsaußen Gerhard Löwenthal im ZDF-*Magazin* Kommunisten fressen ließ, eine Sendung, die ich mit leidenschaftlicher Antipathie, jedoch regelmäßig sah. In diesen finsteren Anstalten, so wurde mir erklärt, musste man sich für ein Lager entscheiden, um weiterzukommen.

Das passte mir ganz und gar nicht. Auf mich konnte sich keiner verlassen. Ich traktierte meinen konservativen Vater mit linken Ideen und schleppte seine Gegenargumente am nächsten Tag in die Schulhofrunden, wo die politisch Interessierten Notstandsgesetze, betriebliche Mitbestimmung, den Abtreibungsparagraphen und die Ostpolitik diskutierten – den *Spiegel*, den *Vorwärts* oder die *Frankfurter Rundschau* unter dem Arm. Willy

Brandt hatte »Mehr Demokratie wagen« zum Leitspruch seiner Regierung gemacht, und wir fühlten uns gemeint. Ein weites Spektrum von engagierten Lehrern, von überzeugten Konservativen bis zu jungen 68ern auf den ersten Etappen ihres Weges durch die Institutionen, boten Reibungsflächen links wie rechts. Ich liebte es, zwischen allen Lagern zu stehen und jeden mit Widerrede zu nerven, ganz egal, welcher Couleur er oder sie war. Wie sollte so ein Typ in einem von Parteien durchsetzten System seinen Traum verwirklichen?

An dieser Stelle empfahl mir ein kluger Mann, Jura zu studieren. Das sei immer noch das Fach, das den breitesten Fächer an beruflichen Möglichkeiten biete. Wenn es zur Konfrontation käme, könne ich Luthers berühmtes (wenn auch nie belegtes) Zitat umwandeln und erklären: »Hier stehe ich und kann ganz anders. Und dann gnade euch Gott.« Dieser Spruch gefiel mir enorm, er entsprach dem Hormonprofil eines aufsässigen 17-Jährigen. Nicht zuletzt deswegen habe ich Jura studiert. Und es im Beruf nie gebraucht. Jedenfalls nicht in diesem Sinne. Ich musste das System nie konfrontieren. Es hatte mich vorher schon ausgetrickst. Ja, es gab damals noch überall die Farbenlehren von rot/schwarz, links/rechts, aber manchmal funktionierte das System auch mit Joker-Steinen, die von den Sender-Gewaltigen jeweils so »angestrichen« werden konnten, wie sie es für ihre Personalpläne gerade brauchten. Einer wie ich, der sich für unabhängig hielt, wurde ebenso eingesetzt wie die farbigen – konnte sich vielleicht ein bisschen besser dabei fühlen.

Machen wir uns auch hier nichts vor: Es gab und es gibt bis heute Journalisten und Manager, die Parteischienen als Überholspuren nutzen wollen. Aber es sind nicht mehr viele, sie werden immer weniger, sie werden von den Kollegen nicht geachtet und sind nach meiner Beobachtung häufig deshalb auf Vitamin B angewiesen, weil ihre handwerklichen Qualitäten für einen Aufstieg aus eigener Kraft nicht reichen. Es ist einer der erfreulichsten

Effekte von Gegenwind und Wettbewerb, dass sich die Sender solche Figuren immer weniger erlauben.

Der Störenfried

Brender war kein Chef, der diesen Trend abwarten wollte. Er beschleunigte ihn nach Kräften. Das begann schon im Kandidatenstadium für den Chefredakteursjob. Da besuchte er am Vorabend der entscheidenden Sitzung den Freundeskreis (quasi die Fraktion) der »Roten« im Verwaltungsrat, die nach den geltenden Mustern des Farbenspiels seine Förderer sein sollten. Was diese Nicht-Gremien veranstalten, ist nirgendwo geregelt. Deshalb auch der schleierhafte Begriff »Freundeskreis«, der dann auf Schildern an den Tagungsorten auftaucht – Freundeskreis U nach oben, Freundeskreis X nach unten. Brender erschien dort mit der Botschaft, dass er nie mehr wiederkommen werde. Weil er überzeugt sei, dass ein Chefredakteur mit solchen Vereinigungen nichts zu schaffen habe. Dann ging dieselbe Botschaft an die Schwarzen. Er wurde dennoch gewählt. Da musste halt einfach mal einer zu seiner Haltung stehen. Vielleicht haben die Räte auch den Fehler gemacht, Brenders Ankündigung für eine Show zu halten, die bald abgesetzt würde. So war es aber nicht. Er meinte das ernst. Parteilichkeit war und blieb im ZDF das beste Mittel, sich diesen Chefredakteur zum Feind zu machen.

Das ging so weit, dass er der erfolgreichen Sendung *Frontal* bei erstbester Gelegenheit ein Ende setzte. Sie wurde von Bodo Hauser und Ulrich Kienzle nicht nur präsentiert, sondern auch als Co-Chefs verantwortet. Hauser rechts gegen Kienzle links. Ausgewogenheit wurde dadurch hergestellt, dass sich die beiden auf dem Sender beharkten: »Noch Fragen, Kienzle?« – »Allerdings, Hauser!« Ihre pointierten Streitgespräche waren Kult.

Aber dem neuen Chefredakteur passte es nicht, dass sich zwei Top-Journalisten des Hauses parteilich präsentierten. Da war er Verfechter der reinen Lehre. *Frontal* machte zu. *Frontal 21* kam – ein völlig anderes, in alle Richtungen gleichermaßen kritisches, investigatives Format. Brender hatte beiden Lagern einen Spielplatz weggenommen. Und eine Chance, Parteigänger in einer Redaktion unterzubringen.

Wenn es ihm ums Prinzip ging, konnte sich dieser Chefredakteur in Kämpfe hineinsteigern. Bei einem gemeinsamen Interview von ARD und ZDF mit der Kanzlerin entwickelte sich ein Spiegelgefecht, in dem es um die Frage ging, wo das Gespräch stattfinden solle. Fernsehstudio oder Kanzleramt? Für Brender war das keine logistische, sondern eine prinzipielle Frage. Kommt die Kanzlerin zur Presse, oder macht die Presse ihr die Aufwartung am Amtssitz? Brender bestand darauf, dass das Interview auf TV-Territorium stattzufinden habe. Es ging mit wechselseitigen Drohungen, die Sache ausfallen zu lassen, hin und her. Am Ende war der Kompromiss: Logistisch wird es das Kanzleramt, aber optisch ARD/ZDF mit herangeschleppten Designelementen als Bühne. Brender bestand auf diesem Stück Bürgerstolz vor Fürstenthronen und zog das durch. Am Schluss entfernte er mit eigenen Händen die deutsche Flagge, die eifrige Kanzleramts-Beamte hinter den Sessel der Chefin gepflanzt hatten. Solches Dekor stand nach Brenders Überzeugung, jedenfalls im Fernsehstudio, nur dem Staatsoberhaupt zu. Das war nicht nur symbolisch. Brender ärgerte sich als Journalist und Bürger maßlos darüber, wie Angela Merkel die Grenzen zwischen den Ämtern zu verwischen schien – im Stil einer präsidialen Kanzlerschaft, die Festlegungen und harte Sachentscheidungen vermeidet. In einem seiner deftigen Kommentare warf Brender ihr seinerzeit »Wahlkampf unter Verstoß gegen das gesetzliche Vermummungsverbot« vor.

So einer nervt. Irgendwann liegen die Nerven dann blank.

Man kann solche Anekdoten als Beleg dafür sehen, dass immer wieder versucht wird, die öffentlich-rechtlichen Medien am Nasenring durch die Informationslandschaft zu ziehen. Schließlich gibt es die Freundeskreise weiter, auch nach dem Urteil des Bundesverfassungsgerichts, von dem noch die Rede sein wird. Wer so denkt, macht denselben Fehler, den Parteifürsten offenbar machen: Er geht davon aus, dass die Spitze des Hauses den Inhalt der Sendungen diktiert oder zumindest eine Richtung vorgibt. Die Wirklichkeit, die ich täglich erlebe, ist anders. Solche Anweisungen hätten gar keine Chance. Wer ein Thema in der Sendung sehen oder aus ihr rauswerfen will, wird sofort von anderen herausgefordert. Die Runde verlangt stichhaltige Gründe für jede Entscheidung. Mein Arbeitszimmer in der Redaktion ist ein Glaskasten, und damit hört die Transparenz nicht auf. Was bei uns läuft, findet auf offener Bühne statt. Früher soll es anders gewesen sein. Ich habe solche Zeiten nicht mehr erlebt und bin doch inzwischen ein Veteran. Wollte heute ein Weisungsgeber in die Speichen greifen, die Verletzungsgefahr für ihn wäre groß.

So geschehen 2012, als der Parteisprecher der CSU mit einem Anruf in der Redaktion der *heute*-Sendung einen Bericht über einen SPD-Kongress verhindern wollte – ein Fall von Eifersucht. Das hing sofort an der großen Glocke und kostete den Mann sein Amt. Ich hatte gehofft, dass das Publikum aus der Aufregung über diese Geschichte den Rückschluss ziehen würde, dass solche Anrufe wohl doch nicht so die Regel sind, wie sich das manche denken. Aber das ist nicht passiert. Das Misstrauen sitzt zu tief. Das hat immer noch mit Brenders Fall zu tun.

Das System schlägt zurück

Der Streit um die Spitzenpersonalie des ZDF beherrschte durch das ganze Jahr 2009 hindurch die Mediendebatte in Deutschland. Öffentlich führte Roland Koch (CDU) die Front gegen Brender. Er war in nachbarlicher Verbundenheit natürlicher Gegenspieler von Kurt Beck (SPD), dem Verwaltungsratschef und Ministerpräsidenten in Mainz.

Inzwischen kann als gesichert gelten, dass im Hintergrund nicht so sehr Koch, sondern der ehemalige Unions-Kanzlerkandidat Edmund Stoiber, auch er Mitglied des Verwaltungsrats, die treibende Kraft für Brenders Ablösung war. Dafür gibt es vielfältige Bestätigung aus dem Kreis der unmittelbar Beteiligten.[2] Dabei herrscht die Ansicht vor, dass Stoiber mit dem ZDF noch ein Hühnchen aus dem Bundestagswahlkampf 2002 zu rupfen hatte, in dem er anfangs vor Gerhard Schröder lag und den er am Ende knapp verlor. Stoiber machte unter anderem das ZDF für seine Niederlage verantwortlich, weil es unter Brender breit über die Oderflut jenes Jahres berichtete. Journalistisch war das eine tadellose Entscheidung. Und sehr erfolgreich beim Publikum. Aber sie hatte den für Stoiber unerfreulichen Nebeneffekt, dass sie einen tatkräftigen Kanzler in Gummistiefeln zeigte, der mit seinen Exekutiv-Vollmachten den Herausforderer vergleichsweise hilflos aussehen ließ. Ob der Zorn darüber tatsächlich sein Motiv war, kann vielleicht nicht einmal Herr Stoiber selbst mit absoluter Sicherheit beantworten, aber intern gehörte er offenbar zu den Meinungsführern der Ablöser.

Der Intendant brauchte für die Vertragsverlängerung, die er nach beträchtlichem Hin und Her vorschlug, wie gesagt, 9 der 14 Stimmen im obersten Aufsichtsgremium. Das »rote« Lager hatte aber »von Haus aus« nur fünf. Wobei schon diese Rechnung unzulässig sein sollte. Denn der Staatsvertrag des ZDF kennt keine Fraktionen und erst recht keinen Fraktionszwang.

Die Mitglieder der Räte sind weder Parteien noch den sie entsendenden Organisationen verpflichtet, sondern allein dem Auftrag des ZDF.

In jenen spannenden Wochen, als sich praktisch alle bekannten Gesichter des ZDF, alle großen Zeitungen und u. a. eine Gruppe von 35 führenden Verfassungsrechtlern gegen Parteieneinfluss in öffentlich-rechtlichen Medien stellten, sprach ich mit einem Mitglied des Verwaltungsrats. Das war nach meinen eigenen Maßstäben der Verlust der Unschuld, weil ich mich als mittelbar Betroffener – und Moderator einer Nachrichtensendung – aus diesen Debatten herauszuhalten hatte. Einerseits. Andererseits war Neutralität hier schwer zu wahren und auch längst gebrochen, durch ein Interview mit dem *Spiegel* ganz am Anfang, in dem ich mit drastischen Formulierungen die Einmischung der Politik anprangerte. Mein Name stand auch unter einem Protest der Redaktionen.

Dieses Verwaltungsratsmitglied (die Wortwahl soll einen Hinweis auf das Geschlecht vermeiden) hatte mir vor dem Streit, bei einem ZDF-Empfang für die Räte, von Brender vorgeschwärmt, von seiner journalistischen Kompetenz und Überparteilichkeit bis zu seiner rigiden sparsamen Haushaltsführung. Jetzt sagten die Gerüchte, dass diese selbe Person gegen Brender stimmen wolle. Sie nahm kein Blatt vor den Mund, als sie mir erklärte, warum. Sie selbst halte nach wie vor viel vom Chefredakteur, aber nun gelte es, der Führung ihrer Gruppe zu folgen, denn als Einzelner habe man keine Chance in solchen Gremien. Ich konnte das kaum fassen. Diese Person hätte über solchem Kalkül stehen können, sogar müssen. Sie bezog kein nennenswertes Geld aus der Ratstätigkeit, sie konnte weder abgewählt noch abberufen werden. Und sie war im Hauptberuf darauf eingeschworen, Unabhängigkeit zu bewahren. Wer, wenn nicht sie, hätte in dieser Situation ihrem eigenen Urteil folgen müssen.

Letztlich hat die lange stürmische Debatte keine Änderung bewirkt. Die Mehrheitsverhältnisse, die sich schon am Anfang abzeichneten, waren am Ende auch das Ergebnis: 7:7 – also gegen Brender. Für eine Verlängerung fehlten zwei Stimmen zur erforderlichen 3/5-Mehrheit. Aber immerhin hatten zwei Räte, die als dem Unionslager nahestehend galten, für Brender votiert. Die Formation der Gewährsleute bröckelte.

Nachspiel und Vorspiel

Mit dem Ende des Chefredakteurs Brender war der Fall Brender nicht zu Ende. Sein Abzug vom Lerchenberg war als Schlussbild des Dramas zu hässlich, die Glaubwürdigkeit des öffentlich-rechtlichen Systems zu sehr ramponiert, um einfach zur alten Routine zurückzukehren. Es wäre schlimm gewesen, wären ARD und ZDF fünf Jahre später ohne eine neue Grundlage in die »Lügenpresse«-Kampagnen getaumelt. Die Augen richteten sich – wieder einmal – nach Karlsruhe.

Im Bundestag starteten Linke und Grüne eine Initiative, Parteien und Regierungen vollständig aus den Aufsichtsgremien zu verbannen. Die beiden Fraktionen hatten allein nicht genügend Stimmen, um einen Normenkontrollantrag an das Bundesverfassungsgericht zu stellen. Von Union, SPD und FDP bekamen sie keine Unterstützung. Die Klage übernahmen schließlich – mit viel zurückhaltenderer Zielsetzung – die beiden SPD-regierten Bundesländer Rheinland-Pfalz und Hamburg. Dass Kurt Beck als Ministerpräsident und Verwaltungsratsvorsitzender des ZDF sozusagen gegen sich selbst vor Gericht zog, hat ihm Spott eingebracht. Aber das stand er durch.

Die öffentlich-rechtlichen Sender selbst wussten nicht so recht, was sie sich wünschen sollten (der Plural ist angebracht, denn das Urteil musste auch auf ARD-Anstalten ausstrahlen).

Einerseits lag auf der Hand, dass der Einfluss der Politiker Glaubwürdigkeit kostete und immer wieder Kummer machte. Aber auf der anderen Seite konnte es ohne die Unterstützung der Parlamente und der Landesregierungen in turbulenten Zeiten gefährlich einsam werden für das ganze System der öffentlich-rechtlichen Medien. Und die Zeiten wurden turbulent. Da konnte es nicht schaden, fünf einflussreiche Ministerpräsidenten mit an Bord zu haben. Wie US-Präsident Lyndon B. Johnson über den gefürchteten FBI-Chef J. Edgar Hoover sagte: »It's probably better to have him inside the tent pissing out, than outside the tent pissing in.« Die Häuser wollten keine radikale, noch nicht einmal eine drastische Lösung. Aber nach Brenders Fall war der Status quo nicht mehr zu halten.

Für das Bundesverfassungsgericht ist die Ordnung des öffentlich-rechtlichen Rundfunks nicht einfach eine Rechtsfrage unter vielen. Seit über einem halben Jahrhundert, seit Konrad Adenauer 1960 versuchte, den durch seine Brille »links« gestrickten Rundfunkanstalten der meisten Länder eine Art konservatives Bundesfernsehen (eine GmbH!) entgegenzusetzen, hat Karlsruhe die Staatsferne des öffentlich-rechtlichen Rundfunks immer wieder verteidigt und gestaltet. Die Richter dürfen nicht befangen erscheinen, aber die duale Rundfunkordnung – das Nebeneinander von kommerziellen und öffentlich-rechtlichen (aber eben nicht staatlichen) Sendern – ist ihr Baby. Nun kam das Kind, heftig gerupft, mal wieder nach Hause und brauchte neue Stärkung für die raue Welt da draußen.

Der Text des Urteils und der Verlauf der mündlichen Verhandlung zeigen, dass die Richter diese Aufgabe mit freudigem Elan angingen. Sie hielten sich nicht lange mit den Texten der Staatsverträge und Satzungen auf. Sie löcherten Verfahrensbeteiligte und Experten mit Fragen nach dem wahren Leben hinter den Kulissen. Und sie lieferten ein eindeutiges Ergebnis: Der Fall Nikolaus Brender hatte deutlich gemacht, dass die Machtverhältnisse in den Aufsichtsgremien des ZDF (und da sind andere Sender mitzudenken) der Verfassung widersprechen. Sie schrieben einen neuen Staatsvertrag vor, in dem der Einfluss von Staats- und Parteivertretern deutlich zurückgedrängt wird.

Dieses Urteil kommt nicht von weltfremden Rechtsgelehrten, sondern von Richtern, die Sinn fürs wahre Leben in großen öffentlichen Institutionen haben. Sie stellten fest, dass Staats- und Parteiinteresse in diese Häuser drücken wie kaltes Wasser durch ein brüchiges Fundament. Sie haben sich die größte Mühe gegeben, die Fugen zu dichten. Sie stellten eine Formel auf: Für jeden staatsnahen Vertreter müssen künftig mindestens zwei staatsferne das gesellschaftliche Gegengewicht bilden. Parteien verloren das Recht auf eigene Sitze in den Räten.

Als es daranging, das Urteil umzusetzen, wurde das »mindestens« geflissentlich überlesen, das maximal erlaubte Drittel wie selbstverständlich ausgeschöpft. Aber es ist eben nur noch ein Drittel. Und festgeschrieben. Diese Kehrtwende war entscheidend wichtig für die praktische Rundfunkfreiheit, in der Redaktionen ihre täglichen Entscheidungen treffen und die die Zuschauer auf ihren Bildschirmen erleben.

Da war Brenders Entlassung ein schmerzhafter Schlag in die Wirbelsäule. Mit seinem Fall hatten die Manager der Macht vorgeführt, dass auch eine so starke Persönlichkeit, die die Führungsmannschaft des Senders und die gesamte deutsche Presselandschaft hinter sich hat, gefällt werden kann. Wer als Redakteur schwache Nerven hat oder gerade in einer besonders empfindlichen Position steht – wer etwa mit Familie auf den Job existentiell angewiesen ist –, wird das nicht vergessen können.

Der US-Supreme Court, der ähnlich wie das deutsche Verfassungsgericht Grundlagen moderner Pressefreiheit legte, schrieb vom »chilling effect«, dem frostigen Wind der Entmutigung, den solche Übergriffe ins System tragen.

Mit dem Urteil der Verfassungsrichter brachte der Fall Brender eine Stärkung der Freiheit. Es war ein wichtiger Tag und ein später Triumph für den Chefredakteur a. D. Aber kein Einzug ins Schlaraffenland.

Die Pflicht der Macher

Das Bundesverfassungsgericht hat den Zaun um den geschützten Bereich des staatsfernen Rundfunks stabiler und dichter gebaut als zuvor, aber die Mächtigen werden deswegen nicht aufgeben, ihre Interessen auch auf diesem Kanal durchzusetzen. Natürlich nicht. Dass Parteien keine eigenen Vertreter mehr in den Räten haben, wird nicht verhindern, dass unter ihnen Parteimitglieder sind und sich verständigen. Es wäre verfassungswidrig und unsinnig, das verhindern zu wollen. In einer Parlamentarischen Demokratie wirken Parteien an der Willensbildung mit. Sie dürfen das nicht nur, sie sind dafür da.

Trotzdem muss das Urteil des Bundesverfassungsgerichts ein Umdenken in den Köpfen der Gremienmitglieder auslösen, um dauerhaft zu wirken. Die Mitgliedschaft in diesem Organ bedeutet nicht, dass einem ein Instrument politischer Macht zur Nutzung nach Gutdünken in die Hand gegeben wurde. Der Rat aus dem deutschen Tierschutzbund ist nicht dafür da, dass Tierschicksale eine größere Rolle in den Nachrichten spielen. Der Mann oder die Frau aus den Gewerkschaften nicht dafür, Gewerkschaftsmitglieder auf Schlüsselpositionen zu hebeln. Sie sind – Juristen würden sagen »gesamtschuldnerisch« – dafür verantwortlich, dass das Programm »ihrer« öffentlich-rechtlichen Anstalt den Zielen dieser gesetzlich »zwangsweise« finanzierten Einrichtung entspricht. Dass sie das gesellschaftliche Leben sowie den Diskurs über die Werte und die Versorgung mit Fakten bereichern. Der Appell klingt nach hohler Sonntagsrede, aber er gewinnt sofort Konturen, wenn man ihn am Verhalten des Gremienmitglieds spiegelt, das bis zum bitteren Ende gegen die eigene Überzeugung votierte, weil der Anführer seiner Gruppe es so verlangte.

Mehr noch liegt mir aber der Appell an die eigene Zunft am Herzen. Wir leben in einem komfortablen Land in komfortablen Zeiten. Hierzulande kommt keiner wegen unbotmäßiger Äußerungen hinter Gitter. Hier ist nicht Russland, Türkei oder China. Hier ist nicht einmal Polen. Gegen den Stachel zu löcken, eine bei den Kollegen möglicherweise unbeliebte Haltung zu vertreten und für sie in Konferenzen zu kämpfen, Dinge und Entscheidungen zu hinterfragen, die als selbstverständlich gelten, Einflussnahmen und Verlockungen von außen zu widerstehen – das alles erfordert kaum Mut. Nur Rückgrat. Denn Drohung ist viel seltener das Mittel der Manipulatoren, als es Versprechungen sind. Wenn man Pressefreiheit ernst nimmt, ist sie kein Institut, sondern eine Haltung im Kopf des einzelnen Journalisten. Nie garantiert, ständig herausgefordert. Von Einfluss außen und von Bequemlichkeit innen. Es gilt, nie den Zeitpunkt zu verpassen, an dem es nötig ist, in die Puschen zu kommen: »Hier stehe ich und will nicht anders.«

Ob der Fall Brender diese Haltung am Ende fördert, wird man erst in einigen Jahren sehen. Mit vielen anderen hoffte ich, dass das Urteil der Verfassungsrichter neues Vertrauen in die Unabhängigkeit des öffentlich-rechtlichen Rundfunks herstellen würde. Es blieb kaum Zeit dafür. Sehr bald tönten aus wachsenden Mengen wütender Menschen, erst in Dresden, dann in mehr und mehr deutschen Städten Rufe wie »Lügenpresse« und »Fake News« – ein Phänomen, das nicht nur Deutschland betrifft, sondern Gesellschaften in vielen Ländern der Erde. Eigentümlicherweise vor allem solche mit offenen Gesellschaften – von Polen bis ins Herzland der USA.

Fakten und Wahrheit

»Facts are stubborn things!«, behauptete John Adams, der zweite Präsident der USA: »Tatsachen sind hartnäckige Dinger. Gleichgültig, was unsere Wünsche, Neigungen oder die Gebote unserer Leidenschaften sind – sie können Fakten und Beweise nicht ändern.« Der arme Adams konnte nicht ahnen, dass ihm 232 Jahre und 42 Schritte weiter in der Ahnengalerie ein Mann folgen würde, dessen Präsidentschaft auf der Erkenntnis gründet, dass auch Fake News hartnäckige Dinger sind. Er hat damit schon jetzt Geschichte gemacht.

Die US-Wahl 2016 bewies, dass in Politik und Gesellschaft wie auch in den persönlichen Entscheidungen der Menschen Fakten nicht alternativlos sind. Sie schillern im Weltbild der Handelnden und Wählenden, während sie versuchen, sich ihren eigenen Begriff von der Wahrheit zu machen. Anders als John Adams glaubte, spielen dabei Wünsche, Neigungen und Leidenschaften eben doch eine große Rolle. Die schwarze Kunst der Politik besteht darin, ihre bevorzugte Version in die Köpfe einer Mehrheit zu bringen. Donald Trump und seine Medienstrategen sind Meister dieser Kunst. Man verkennt den Ausnahmecharakter des 45. Präsidenten der USA, wenn man ihn mit autoritären Charakteren wie Wladimir Putin oder Recep Tayyip Erdogan gleichsetzt. Die agieren vergleichsweise altmodisch, jedenfalls intern. Sie glauben noch, sie müssten andere Meinungen verbieten und die Opposition mundtot machen, um sich durchsetzen zu können. Das hätte Donald Trump gar nicht gekonnt. Mächtigster Mann der Welt musste er ja erst noch werden, zunächst war er nur Aspirant und dazu ein Außenseiter –

auf seine Verführungskünste angewiesen. Trotzdem hat er den größten und teuersten Wahlkampf der Geschichte gewonnen – gegen eine Gegnerin, die mit einem uneinholbar scheinenden Vorsprung gestartet war, der im ganzen Land ein festes Netz von Abhängigkeiten und Verpflichteten zur Verfügung stand und die sehr viel mehr Geld ausgab als er. Trump hätte Hillary Clinton nicht besiegen können, wenn amerikanische Leitmedien ihm nicht in die Falle gegangen wären, wenn die Kultur der US-Medien und ihrer Konsumenten nicht schon von anderen geschleift worden wäre und wenn es die normative Kraft von Lügen nicht gäbe. Der Reihe nach.

Der rasche Aufstieg des Donald T.

Donald Trumps Wahlkampf begann schon mit einer Fake News. Er hat sie nicht mal selbst produziert, sie kam ihm nur gerade recht. Für die Art von Revolution, die ihm vorschwebte und für die er die Mehrheit des Volkes brauchte, musste er den Nimbus von Barack Obama zerstören. Fast fünf Jahre vor seinem spektakulären Sieg, im März 2011, als Trump in einem Fernsehinterview erstmals öffentlich erklärte, über eine Bewerbung auf das Präsidentenamt nachzudenken, schmückte er die Ankündigung mit dem Satz, dass er »einige Zweifel« habe, ob Barack Obama in den USA geboren sei. Das war keine Nebenbemerkung! Ohne Geburt auf amerikanischem Boden wäre der Präsident kein »natural born citizen« der USA und hätte nach der Verfassung niemals ins Weiße Haus ziehen dürfen. Barack Obama wäre ein illegitimer Präsident. Mit seinen angeblichen Zweifeln adelte Trump ein obskures Gerücht, das unter rechten Spinnern, Anti-Obama-Rassisten und Anhängern von Verschwörungstheorien seit Jahren kursierte. Man nannte sie die »Birther« – ein unübersetzbares Wort, das nach »Spinner« klingt und etwas wie »Geburtler« bedeutet. Trump hat den Ausdruck nie für sich akzeptiert. Ihm gehe es allein »um die Fakten«. Was ihn nicht daran hinderte, aus Fake News faktische Vorteile zu beziehen. Dass Obamas Herkunft längst mit Dokumenten, Zeugenaussagen und zeitgenössischen Original-Inseraten in hawaiianischen Zeitungen belegt war, änderte daran nichts. Trumps Bemerkung war ein klares Signal an die patriotische, religiöse Außenflanke der amerikanischen Rechten, die sich von keinem anderen Kandidaten der Republikanischen Partei politisch vertreten fühlten. Ihr Geld, ihr eiferndes Sendungsbewusstsein und ihre Organisationen musste der Tycoon aus New York erst noch gewinnen.

Gleichzeitig sprühte Trump mit dieser aufgewärmten Story einen dubios schimmernden Belag auf die Gestalt des schwarzen Präsidenten. 17 Prozent der Amerikaner und 33 Prozent der republikanischen Wähler äußerten Skepsis über Präsident Obamas Legitimität. Es ist erstaunlich, wie viele weitere abenteuerliche Behauptungen nach und nach an dieser Grundierung kleben blieben. Ich kenne ein republikanisches Paar, sympathische, gebildete, wohlhabende, welterfahrene Menschen, die felsenfest glaubten, dass Präsident Obama nach seiner Wiederwahl 2012 den »blinden Scheich« Omar Abdel Rahman begnadigen wolle, der wegen seiner Rolle beim ersten Anschlag auf das World Trade Center (1993) zu lebenslanger Haft verurteilt war. Das Motiv seien »alte Verpflichtungen gegenüber seinen Freunden in der arabischen Welt«. Das war Schwachsinn, aber es hatte seinen Weg in die Köpfe gefunden. Obama war nicht mehr im Amt, als der »blinde Scheich« starb – als Häftling der USA.

Als Trump sein Etappenziel erreicht hatte – den Sieg in der Vorrunde – und endlich offizieller Präsidentschaftskandidat der Republikanischen Partei war, warf er den »Birther«-Fake über Bord. »Barack Obama ist in den USA geboren, und basta«, erklärte er nebenbei, als er sein neues Luxushotel in Washington eröffnete. Mit dem Timing melkte er den letzten Tropfen Profit aus der erschlafften Fake News: Sein teurer Palast erschien wegen dieser Verlautbarung kostenlos in allen Nachrichtensendungen. Die Lüge hat sich mehrfach gelohnt.[3] Der große Meinungsmacher konnte sich auf sein eigentliches Opfer konzentrieren: Hillary Clinton. Sie war leichte Beute, waidwundes Wild. Trump spürte das, sie nicht. Wir in den Medien auch nicht.

Der lange Untergang der Hillary C.

Hillary Clinton war Ziel von Fake-News-Attacken, lange bevor es den Begriff gab. Ich habe das in Washington von Anfang an miterlebt. Ihr Mann Bill war damals Gouverneur von Arkansas, einem der kleinsten und ärmsten Staaten der USA. Seine Bürger wählten das junge, politisch eher links wirkende Paar an die Spitze der Regierung. »Das Paar« kann man sagen, denn die Clintons hatten gemeinsam Wahlkampf gemacht. »Sie bekommen zwei für den Preis von einem«, war einer von Bills Sprüchen – und für Hillary ein gefährlicher Scherz. Ihre konservativen Gegner schossen sich von Anfang an mehr auf die First Lady als auf den Gouverneur ein. Bill, ein Kind des Staates, wirkte so freundlich, erdverbunden und kumpelhaft, dass er schwerer angreifbar war als sie. Und er verkaufte seine Frau gerne als die Klügere von beiden. Das hat nicht geholfen. Die endlos ausgebreiteten Finanzskandale der erfolgreichen Anwältin und des kärglich besoldeten Kleinstaat-Gouverneurs wurden vor allem ihr angelastet. Von einer überaus lukrativen Wette auf Rinderhälften bis zum gescheiterten Immobilienprojekt »Whitewater«. Alles wurde über Jahre von Untersuchungsausschüssen und aggressiven Sonderstaatsanwälten auseinandergenommen. Kein einziges Mal ließ sich Gerichtsverwertbares finden. Boulevardmedien und rechtskonservative Radioshows und Printprodukte bekamen dennoch kontinuierlich Futter für böse Berichte. Von Anfang an gehörte dazu ein mächtiger Strom von Sexismus. Schon im Präsidentschaftswahlkampf 1992 tauchten Bilder von Hillary Clinton in Sado-Maso-Kluft auf, die Peitsche der Domina schwingend. Trotzdem gewannen die Clintons die Wahl gegen George Bush senior.

Bill gab der First Lady ganz offiziell die Verantwortung für das größte sozialpolitische Projekt seit dem »Great Deal« des Franklin Roosevelt sechzig Jahre zuvor: die Gesundheitsreform. Diese Aufgabe machte sie endgültig zur Zielscheibe. Der Eifer der konservativ-patriotisch-religiösen Amerikaner verbündete sich jetzt mit dem kühlen Kalkül und den riesigen PR-Budgets der amerikanischen Gesundheitsindustrie. Es kam, wie es kommen musste: Hillary Clinton scheiterte. Auch in dieser Kampagne richteten sich die Angriffe immer wieder persönlich gegen die selbstbewusste, emanzipierte Frau des Präsidenten.

So war Hillary Clinton bereits heftig angeschlagen, als der sogenannte Lewinsky-Skandal begann, der natürlich in Wahrheit ein Bill-Clinton-Skandal war. Es setzte dem heuchlerischen Charakter der ganzen Affäre die Krone auf, dass auch in diesem Fall Hillary Clinton mindestens so viel Hass und Häme entgegenschlug wie ihrem Mann.

Als sie dann versuchte, mit zwölf Jahren Kärrnerdiensten als Senatorin gegen Bush junior und als Außenministerin für Barack Obama diesen Ballast abzutragen, spülten rechte Medienkanäle einen neuen Mix aus realen und Fake News, aus Hass, Misstrauen und Ablehnung über sie. Bei jedem Auftritt stand neben Hillary ein Elefant auf der Bühne – das Gefühl, dass ihr Bill für die Loyalität in der Lewinsky-Affäre etwas versprechen musste: die Rückkehr ins Weiße Haus als erste US-Präsidentin der Geschichte. Und dass Amerikas Wähler diese Rechnung begleichen sollten.

Hillary Clinton hat ihren Teil dazu beigetragen, dass von dem Schmutz genügend hängenblieb. Sie hatte aus ihren White-House-Jahren, die die Familie Clinton wegen der enormen Anwaltskosten an den Rand des Bankrotts getrieben haben, eine Lehre gezogen: Nur Vermögen bietet Schutz! Sie fing an, das große Geld zu sammeln. Sie wollte nie wieder ihre private Sphäre durchsuchen lassen – ein Motiv dafür, dass sie ihre dienstlichen wie privaten Mails gesetzwidrig, jeder Kontrolle entzogen, über einen privaten Server im Keller ihres Hauses abwickelte. Beides wurden Angriffspunkte für Trumps Attacken. Vor allem aber konnte sie nie mehr das verdruckste, unaufrichtig wirkende Verhalten eines Menschen ablegen, der sich verfolgt fühlt. Viele Amerikaner haben das gespürt, und es hat ihr geschadet. Hillary Clinton ist ein lebendes Mahnmal dafür, was ein Vierteljahrhundert Dauerfeuer aus einem Menschen macht. Trumps Kampagne war nur das letzte Kapitel.

Es war erschreckend, wie gut seine Strategie funktionierte. Er musste seine Gegnerin nur in Tweets mit dem Attribut »betrügerisch« belegen, »crooked Hillary« oder »put her in jail« rufen, schon folgten ihm Massen. Wenn wir während des Wahlkampfes 2016 darüber berichteten, kam solche Abneigung meist aus den Mündern aufgeregter, schräger Gestalten, die Banner schwenkten, seltsame Hüte trugen und oft schlicht primitiv wirkten.

Mir sind auch andere Menschen begegnet: Bürger, die zivilisiert auftraten, kein rechts-nationalistisches oder fundamentalreligiöses Weltbild hatten, die weit gereist waren und nicht nur extreme Medien konsumierten. Sie konnten den ungehobelten Trump kaum ertragen, aber dass Hillary kein Vertrauen verdiente, dass sie im Grunde unwählbar sei, hatte sich auch in ihren Köpfen festgesetzt. Nachfragen, worauf dieses Misstrauen beruhe, beantworteten sie mit vagen Hinweisen auf »all diese Skandale« und die Tatsache, dass sie gegen absurd hohe Honorare für große Wall-Street-Firmen Vorträge gehalten habe. Solche Begegnungen brachten mich in die kleine Minderheit von Journalisten, die es für gut möglich hielten, dass Donald Trump die Wahl gewinnt. Seine Twitterkampagne war so wirkungsvoll, dass ausgerechnet Vorwürfe von Geldgier und Unaufrichtigkeit Menschen dazu brachten, einen (angeblich) schwerreichen, jedenfalls trickreichen Immobilienjongleur zum Präsidenten zu machen.

Regieren mit Fake News

In den ersten 24 Stunden nach seiner Vereidigung und seiner mit Falschbehauptungen gespickten Antrittsrede am 20. Januar 2017 unternahm Donald Trump zwei Dinge: Er ließ die erforderlichen Unterlagen einreichen, die es ihm ermöglichten, ab sofort Geld für seine Wiederwahl 2020 zu sammeln, und er machte mit der Behauptung, dass seine Inauguration die bestbesuchte aller Zeiten gewesen sei, das Werkzeug seiner Kampagne zum Instrument seiner Amtsführung: Fake News. Unter Druck geraten bei dem Versuch, live im Fernsehen gegen schwer zu ignorierende Fotobeweise zu argumentieren, prägte seine Beraterin Kellyanne Conway dafür einen Begriff, auf den George Orwell nicht gekommen war: »alternative facts«. Sie werden in den nächsten Jahren die wichtigen Debatten aller offenen Gesellschaften stürmen. Aus einem einfachen Grund: Sie haben auf dem ultimativen Schlachtfeld ihre Wirksamkeit bewiesen: einem US-Präsidentschaftswahlkampf. Glaube niemand, dass die deutsche Öffentlichkeit gegen so etwas immun sei. Es gibt alarmierende Hinweise auf das Gegenteil.

Journalisten sind von Berufs wegen faktenorientierte Wesen. Aber ihre Zuschauer, Hörer und Leser gehen auch hierzulande allmählich von der Fahne der Faktentreue. Nur noch 47 Prozent der vom Institut Allensbach angesprochenen Deutschen antworten Anfang 2017 auf die zurückhaltende Frage, ob es »bei vielen Themen und in vielen Situationen klare Fakten gibt, die beweisbar sind und einfach stimmen«, mit einem entschiedenen »Ja«. Fast ebenso viele – 43 Prozent – finden, »was stimmt und was nicht«, sei »in vielen Fällen Ansichtssache. Es gibt oft kein ›Wahr‹ oder ›Falsch‹.« Das kommt nicht von Ahnungslosen. Allensbach stellte zwischen Bildungsschichten nur »marginale« Unterschiede fest.

Die Unterschiede, die es gibt, liegen überraschenderweise nicht beim Betrachter, sondern beim Gegenstand der Berichterstattung. Zum Zeitpunkt der Befragung (Anfang 2017) glaubten Mehrheiten den Berichten über die positive Lage der Wirtschaft und ebenso den kritischen Berichten über Trump und Erdogan. Wenn es dagegen um Putin und Russland ging, sind die Misstrauischen, die den Medien nicht glauben wollen, deutlich in der Mehrheit (55 Prozent gegen 33 Prozent).

Es spricht einiges für die Annahme, dass dahinter russische Maßnahmen stecken, Internet-Trolle, Bots und Staatsmedien wie *Russia Today* und *Sputnik,* die im Auftrag des Kreml die deutsche Meinungslandschaft pflegen. Noch fehlen Ergebnisse einer offenbar laufenden Untersuchung von Verfassungsschutz und BND. Wenn sie eines Tages vorliegt, werden ihre Erkenntnisse wahrscheinlich für viele ebenfalls eine Glaubensfrage sein. So ist es immer, wenn wichtige Interessen im Spiel sind, beobachtete die Chefin des Allensbach-Instituts bei der Vorstellung ihrer Daten.[4]

Trotzdem ist Deutschland nicht dazu verdammt, denselben

Weg zu gehen wie die USA. In unserer Gesellschaft gibt es trotz aller Zweifel eine recht stabile Grundlage für sachlichen, faktenbasierten Dialog. In den USA war diese Grundlage schon weitgehend zerstört, als Donald Trump seine Kampagne begann. Sonst wäre sie nicht so erfolgreich gewesen. Fake News sind wie andere Erreger auch: Sie setzen sich auf geschwächte Organismen.

Spalte und herrsche

Der Verfall der politischen Kultur der USA begann in den 1990er Jahren mit einer »konservativen Revolution« gegen die Clintons und gegen den »unheiligen« Zeitgeist, der sie ins Weiße Haus gebracht hatte. Führer dieser Revolution war derselbe Newt Gingrich, der heute Berater im »Trump White House« ist – eine Helferleinrolle für einen Mann, der sich 1994 als zukünftigen Präsidenten sah. Damals hatte es Gingrich aus der drittrangigen Position eines »whip« (Einpeitschers) im Repräsentantenhaus geschafft, die republikanische Partei auf eine aggressive, rechtskonservative Linie gegen Clinton einzuschwören, der alle Mittel recht waren. Von Schmutzkampagnen bis zur Totalblockade im Kongress. Was Trump 2016 seine Tweets waren, waren für Gingrich zwei Jahrzehnte zuvor die rechten Radiotalkshow-Moderatoren, die vor allem auf dem Land, außerhalb der Metropolen, religiös und patriotisch gesinnten Wählern eine Stimme gaben – Menschen, die sich mit dem 68er-Paar im Weißen Haus nicht abfinden wollten. Die Eliten der großen Medienstädte und entlang der Küsten des Kontinents haben das Phänomen mit arrogantem Lächeln übersehen. Ein großer Fehler. Damals schon begannen auf breiter Front der skrupellose Umgang mit Fakten und das Aufpeitschen von Emotionen, das manche heute als »neu« bestaunen. Es trug Gingrich zu einem grandiosen Sieg. Er wurde Hausherr des

Kongresses – mächtigster Gegenspieler der Clintons. Er vergaß nicht, wem er das zu verdanken hatte und wen er für die letzte Strecke der Siegesstraße weiter brauchen würde. Jetzt war er »Speaker of the House« – protokollarisch nach dem Vizepräsidenten der dritte Mann im Staat –, und er nutzte sein Amt. Er lud Talkshow-Moderatoren aus dem ganzen Land nach Washington ein, ließ ihnen eine Etage im Souterrain des Kapitols freiräumen und forderte sie auf, zwei Tage lang aus »dem Bauch des Ungeheuers« zu senden. Sie taten es mit Verve.

Ich erinnere mich, wie ich als Reporter fassungslos durch die Reihen von aufgebockten Schreinerplatten mit der Ausrüstung der Talker ging, während sie Hassparolen und Triumphgeschrei live nach Hause schickten. Auf ihren Tischen lagen vulgäre Photomontagen von den Clintons in Unterwäsche oder Aufkleber mit Parolen wie »Run, Hillary, run«. Die hatten sie aus demokratischen Beständen besorgt. Dort bedeutete der Spruch »Bewirb dich als Präsidentin«. Hier wurde er mit der Aufforderung verkauft, ihn ausschließlich auf die vordere Stoßstange zu kleben. All das im imposanten Kapitol, das bis dahin – mehr noch als das Weiße Haus – ein Symbol der mächtigsten Demokratie der Erde war.

Mein Tag im »Bauch der Bestie« wäre eine absurde Anekdote geblieben, hätte das Medienbusiness in dieser Zeit nicht festgestellt, wie gut sich auf diese Weise Geld verdienen lässt. Radioprogramme und TV-Kanäle, die sich mit Haut und Haar der Parteilichkeit verschrieben, erwirtschafteten ständig wachsende Gewinne. Heute kassiert Rush Limbaugh, der lauteste Clinton- und Obama-Hasser, ein Jahreshonorar von 40 Millionen Dollar. Ronald Reagan hatte Radio- und Fernsehsender von der »Fairness Doctrine« befreit – der gesetzlichen Verpflichtung, Themen der politischen Debatte fair und ausgewogen zu zeigen. Der Markt werde das schon richten, glaubte er. Well, Mr. President, er hat es gerichtet. Hingerichtet.

Nicht alles ist schlecht. Leuchttürme der Mainstream-Media – allen voran die *New York Times* – erleben derzeit ihren eigenen Boom. Aber ihre Berichterstattung erreicht große Teile der gespaltenen Nation nicht mehr. Andere wanken auf andere Weise. Die altehrwürdige *Washington Post* hält unter ihrem neuen Eigentümer – Amazon-Gründer und Multimilliardär Jeff Bezos – Fake News aus ihren Berichten raus. Aber sie hat durchgängig einen so drastischen Anti-Trump-Ton am Leib, dass Menschen, die Trump zuneigen, sie auf Dauer nicht lesen werden. Die Redaktion hat offenbar jede Hoffnung aufgegeben, diesen Teil der Leserschaft zu erreichen. Vielleicht ist es ihr auch nur gleichgültig. Was gefährlich wäre. Medien dürfen nicht aufhören, widerstrebende Meinungen zu spiegeln und von Tatsachen überzeugen zu wollen. Tun sie das nicht mehr, werden sie selbst zu Spaltern. Und besorgen das Geschäft derer, die Demokratie zerstören wollen. Solche Leute sitzen mittlerweile an Schalthebeln der Macht in Washington.

Fake News/Reale Gefahr

Deutschland ist noch lange nicht so weit. Fake News kommen vor, aber sie sind kein fester Bestandteil der politischen Debatte geworden. Keine der großen Parteien nutzt sie bisher systematisch als Werkzeug. Immun ist unsere Gesellschaft dagegen aber nicht. Erste Warnzeichen kamen schon vor Jahrzehnten beim Thema Klimawandel, später und systematischer bei der Berichterstattung über Russlands Vorgehen in der Ukraine. Beides sind Themen, bei denen unsere Mailboxen nach jedem Bericht überlaufen.

Die Zeit hat 2012 in einem großartigen Dossier beschrieben, wie PR-Manager, die Kampferfahrung im Einsatz für die Tabakindustrie gegen die Anti-Nikotin-Kampagnen der Gesundheitsbehörden gesammelt hatten, anschließend als bezahlte Klimawandel-Skeptiker in die nächste Schlacht zogen.[5] Wahr oder unwahr – ihnen ist jeder Angriffspunkt recht, der ihren Kampfauftrag erfüllt und die große Story (neuerdings: das Narrativ) der Klimaschützer schwächt. Und sei es nur für einen Moment, für einen Anlass, für einen Bericht. Dafür wird ihnen das Material nicht knapp. Im bequemen Mainstream wird oft genug fahrlässig und fehlerhaft über dieses Thema geredet und geschrieben.

Selbst bei größter Mühe passieren im täglichen Geschäft Fehler, die Böswillige als Propaganda beschimpfen können. Wir haben zum Beispiel in der Ukraine-Berichterstattung rechtsnationalistische Söldner, die in unseren Berichten auftauchten, nicht jedes Mal klar so benannt. Mal haben wir ihre Abzeichen übersehen, mal Fremdmaterial vertraut, das wir nicht gründlich genug überprüfen konnten. Aber wir hatten nie ein Interesse daran, die Regierung in Kiew reinzuwaschen oder Vorwürfe gegen die Russland treuen Separatisten im Osten des Landes zu konstruieren. Wir haben Menschenrechtsverletzungen auf beiden Seiten nicht vollständig erfassen und berichten können. Aber wenn wir auf Fehler aufmerksam wurden, haben wir sie eingestanden und auf dem Sender oder online korrigiert. Es wurde trotzdem jedes Mal als Kratzer in unserer Glaubwürdigkeit gesehen. Oder gefeiert, je nach Interessenslage.

Aber lässt sich das vergleichen mit systematischen Anstrengungen, Fakten zu leugnen oder zu verdrehen? Wie das Bestreiten der Ergebnisse der über alle Maßen gründlichen internationalen Untersuchung der Absturzursache von Flug MH17? Wie das lange Leugnen der Anwesenheit regulärer russischer Truppen auf der Krim oder in den Separatistengebieten im Osten des Landes? Längst hat Wladimir Putin seine eigene Geschichte von »grünen Männchen«, möglicherweise privat Urlaub machenden russischen Soldaten, weggewischt. Sie hatte ihre Schuldigkeit für ihn getan wie die »Birther«-Theorie für Donald Trump. Da geht es nicht um Fehler, da geht es um Lügen.

Man hat früher gedacht, erfolgreiche Propaganda müsse eine eigene Geschichte erzählen. Wie die vom Sozialismus, den weder Ochs noch Esel aufhalten. Von Arbeitern, die alle Planziele übererfüllen. Von einer Partei, die als Avantgarde einen Staat der Arbeiter und Bauern zum Wohle aller errichten werde. Inzwischen wissen wir, dass eine eigene Geschichte nicht nötig ist. Es reicht, in andere Geschichten so viele Zweifel zu streuen, dass niemand sie mehr glaubt. Deshalb sind die oben zitierten 43 Prozent der Deutschen, die glauben, dass Fakten in vielen Fällen Ansichtssache sind, schon ein großer, bedrohlicher Erfolg der Fake News. Sie haben sich eine Bresche geschlagen.

Hannah Arendt, die scharfsinnige Analytikerin des Totalitarismus, ist dem Terminus Fake News nie begegnet, aber sie hat die Folgen dieses Phänomens bereits für alle Zeit beschrieben. In einem Gespräch mit dem französischen Autor Roger Errera sagte sie im Oktober 1973 in New York:

»Es ist eine Voraussetzung für eine totalitäre oder jede andere Diktatur, dass die Menschen keine Informationen bekommen. (…) Wenn jeder dich ständig belügt, ist die Konsequenz nicht, dass du die Lügen glaubst. Das kommt daher, dass Lügen ihrer Natur nach immer wieder verändert werden müssen. Eine Regierung, die lügt, muss ihre eigene Geschichte ständig anpassen. So bekommst du nicht nur eine Lüge – mit der du für alle Zeit leben könntest –, sondern eine große Zahl von Lügen, je nachdem, wie der politische Wind weht. Und ein Volk, das nichts mehr glauben kann, kann sich zu nichts mehr entschließen. Ihm wird nicht nur die Fähigkeit geraubt, zu handeln, sondern auch die Fähigkeit, zu denken und zu urteilen. Mit so einem Volk kann man machen, was man will.«[6]

Noch ist es nicht so weit. Aber vielleicht wird, während wir Sendung um Sendung produzieren, der Boden bereitet für eine Zeit, in der fairer und vernünftiger Dialog nicht mehr möglich ist, weil die gemeinsame Grundlage fehlt. Weil Vermutungen und Vorurteile die Agenda bestimmen, nicht mehr Fakten, die man überprüfen und auf die man sich verständigen kann. Weil zu viele nur noch schreien und zu wenige noch zuhören. Als einer, der weiter an die Kraft der Vernunft und an die Macht der Fakten glaubt, vertraue ich darauf, dass ein solches System nicht bestehen kann. Nicht auf Dauer. Aber – und das fürchte ich – lange genug, um die Epoche unserer Kinder zurückzuwerfen in die verheerenden Konflikte vergangener Jahrhunderte.

Natürlich muss das um jeden Preis verhindert werden. Ich habe fast so lange in der amerikanischen Medienlandschaft gearbeitet wie in der deutschen. Mehr denn je bin ich heute überzeugt, dass es wichtig ist, im Strom der Medien einen Felsen zu haben, dem es gleichgültig ist, dass parteiliche, interessenorientierte Berichterstattung wirtschaftlich erfolgreicher sein mag als Ringen um Fairness und Ausgewogenheit. Öffentlich-rechtliche Medien müssen so ein Fels sein und sind es. Kein Ruhepunkt!

Kein Gesetzgeber und kein Verfassungsgericht wird ihre Existenz auf Dauer gewährleisten, wenn dort nicht aufmerksamer, engagierter und erfolgreicher als irgendwo sonst um Aufklärung und Wahrheit gerungen wird. Es ist keine Zeit, sich auf Garantien zu verlassen. Es ist Zeit, unsere Sache besser und ja, auch selbstbewusster zu machen. Wir können die großen Fake-News-Storys nicht alle ignorieren. Wir müssen wenigstens ihre tragenden Säulen nachrecherchieren und öffentlich einem Belastungstest unterziehen. In den klassischen Sendungen und vor allem in den jederzeit abrufbaren Online-Angeboten. Dafür braucht es Ressourcen und Know-how.

Aber wir müssen auch nicht über jedes Stöckchen springen, das die Fake-News-Schleudern auswerfen. Es gibt so etwas wie gesicherte Wahrheiten, die wir nicht mehr in Frage stellen lassen. Die Erde ist keine Scheibe, Elvis ist leider tot, und die Menschheit wurde nicht an einem Donnerstagnachmittag vor 4021 Jahren erschaffen.

Der verdammte Mainstream

Die Mail vom Neckar geht an den großen Verteiler, an alle im *heute-journal*, richtet sich aber gegen die Moderatorin Marietta Slomka und Elmar Theveßen, der nicht nur ein führender Fachjournalist für Terrorismus und Sicherheit ist, sondern vor allem Chef aller Nachrichtensendungen und stellvertretender Chefredakteur des ZDF. Der Schreiber erregt sich über das *heute-journal* des Vorabends. Er muss nach dem »absoluten Tiefpunkt in der deutschen Berichterstattung« eine schreckliche Nacht gehabt haben. Er beschimpft Theveßen als »einen ganz Linientreuen« und wird gegen Marietta persönlich: »Ihre scheußliche Nachrichtensprecherbrille, unter der Sie mit bösen, weit aufgerissenen grauen Augen hervorlugten.« Es ist ungewöhnlich, wenn solche Wutanfälle den Saustall der Social Media verlassen – wo »man« gern anonym bleibt – und ganz altmodisch als E-Mail mit klarem Absender ins Haus kommen.

Gemessen an Todesdrohungen und Vergewaltigungsphantasien, wie sie etwa Dunja Hayali, unsere Russland-Korrespondentin Katrin Eigendorf und ihre Moskauer ARD-Kollegin Golineh Atai in Netz und Mailbox finden, ist dieser Angriff ein minder schwerer Fall. Auch wenn ich mir kaum vorstellen kann, dass sich der Inhaber einer Kanzlei für Finanzdienstleistungen (so der Schreiber) derartige Ausbrüche im eigenen beruflichen Umfeld leistet. Die sind wohl den »linientreuen« Medien vorbehalten. Die Mail endet hoffnungsfroh mit dem Satz: »Donald Trump hätte Sie längst gefeuert.«

In Wirklichkeit haben Marietta und ihr Studiogast Elmar Theveßen am 19. Dezember 2016 alles unternommen, um sachlich und korrekt über den mörderischen LKW-Anschlag auf den Berliner Weihnachtsmarkt zu berichten. Wobei die Wörter »mörderisch« und »Anschlag« nach unseren Maßstäben erst im Nachhinein ohne Weiteres benutzt werden können. Während der Sendezeit war das noch eine naheliegende Vermutung, die niemand ausschloss – der Mailschreiber war ja wohl aufgrund unserer Berichterstattung auf diese Idee gekommen –, aber nach den Regeln unseres Handwerks bleibt auch die plausibelste Vermutung bis zum Beweis das, was sie ist: eine Vermutung. Damit machen wir uns die Sache nicht einfach, sie wird im Gegenteil auf diese Weise schwer. Es erfordert Konzentration und Anstrengung, in einer »breaking news«-Situation nicht in Spekulationen zu verfallen, während man pausenlos »on« ist und kaum einen Augenblick findet, um nachzudenken oder Informationen aufzunehmen. Ein amerikanischer Freund und Kollege hat mir für solche Lagen den Satz mitgegeben: »Then, it's all about the difference between what you think, what you know, and what you think you know.« Auf den Sender darf nur, was man weiß.

In der konkreten Situation war/en der/die Attentäter flüchtig und die Beweismittel in der Führerkabine des LKWs nicht gefunden. Die Lehren aus dem (eben nicht »islamistischen«) Amoklauf im Münchner Olympia-Einkaufszentrum fünf Monate zuvor hätten auch dem Mailschreiber und vielen, vielen anderen, die ähnlich dachten, frisch im Gedächtnis und eine Lehre sein müssen. Stattdessen saß der Mann am Neckar mit tropfenden Eckzähnen auf dem Sofa und lauerte auf den Satz: »Das waren islamistische Mörder, wahrscheinlich mit dem Flüchtlingsstrom ins Land geschleust.« Auf so etwas wird man bei uns länger warten müssen als möglicherweise anderswo. Aber wenn die Fakten klar und die Wertungen begründet sind, werden wir das sagen. Dazu gab es, nach skandalösen Behördenpannen im Fall Anis Amri, des Mörders von Berlin, auch bald Anlass. Schonungslose Berichte darüber liefen alsbald im *heute-journal* und allen anderen Organen des verdammten Mainstreams. Aber erst, als die Beweise vorlagen. Diese Zurückhaltung war es, die den Mailschreiber so aufgeregt hatte. Er sah das als Beweis dafür, dass die Presse im Auftrag der Regierung versucht, die Wahrheit zu unterdrücken. Deshalb war das eigentliche Schlüsselwort der Mail vom Neckar »linientreu«! Da ist der Schreiber nicht in bester, aber in wachsender Gesellschaft.

Aufsteigendes Misstrauen

Im Dezember 2015, bevor die Silvesternacht von Köln das Vertrauen in die Medien weiter drastisch reduzierte, befragte das Meinungsforschungsinstitut Allensbach im Auftrag der *Frankfurter Allgemeinen Zeitung (FAZ)*, ob an dem Wort »Lügenpresse« »etwas dran« sei. 39 Prozent antworteten: »Ja.« Es herrscht der Eindruck vor, dass Medien Regierung, Wirtschaft und Interessengruppen nicht mehr kontrollieren. »Sie stützen sie eher«, sagen 55 Prozent der Befragten den Demoskopen von *Emnid*. Auch andere Umfragen belegen, dass das Misstrauen zu- und nicht abnimmt. Das ist kein Problem ungebildeter Schichten. Arroganz können wir uns gar nicht schnell genug abschminken. Im Jahr 2014 hat Frank-Walter Steinmeier als Außenminister seine Eindrücke von der Presselandschaft geschildert: »Wenn ich morgens manchmal durch den Pressespiegel meines Hauses blättere, habe ich das Gefühl: Der Meinungskorridor war schon mal breiter. Es gibt eine erstaunliche Homogenität in deutschen Redaktionen, wenn sie Informationen gewichten und einordnen. Der Konformitätsdruck in den Köpfen der Journalisten scheint mir ziemlich hoch. Das Meinungsspektrum draußen im Lande ist oft erheblich breiter.« Mit »breiter« meint er sicher andere Meinungen als die der

»Lügenpresse«-Brüller. Aber wenn sogar einer wie Steinmeier die Diagnose »Blickfeldverengung« stellt, haben wir »etablierten Medien« ein Problem, das sich nicht wegwischen lässt. Andererseits kenne ich persönlich keinen Journalisten, der morgens mit dem Vorsatz zur Arbeit geht, Mächtige zu stützen oder auch nur im Mainstream zu schwimmen. Woher dann das Misstrauen?

Am lautesten kommt es von Menschen, die das, was sie selbst hören oder sagen möchten, in den Leitmedien vermissen. So wie im Europawahlkampf keine etablierte Partei antrat, die das Glühbirnenverbot der EU aufheben wollte (obwohl das populär gewesen wäre), so vertrat in der Euro-Staatsschuldenkrise keine der großen Parteien und kein Leitmedium das Konzept, ein Exempel zu statuieren und Griechenland sofort aus der Eurozone zu werfen. Deutsche Steuerzahler hatten den Eindruck, dass ihr sauer verdientes Geld milliardenweise sinnlos im Süden verklappt wird, ohne dass ihre Zeitung oder ihre Nachrichtensendung da mal so richtig draufhaut. Das geschah tatsächlich nicht. Der größte Teil der politischen und journalistischen Elite des Landes (also jene, die Zugang zur Öffentlichkeit hatten) stellte die Grundentscheidung, die Eurozone nach Kräften zusammenzuhalten, nicht in Frage. Nicht organisiert und doch so einheitlich, als wären sie es.

Wenn in Mainstream-Medien über die AfD, die sich aus dem Unmut darüber speiste, berichtet wurde, geschah das meist in einem Grundton von Ablehnung, den andere Parteien nur selten zu spüren bekommen. Wurden AfD-Spitzenleute interviewt, schien auch bei mir gelegentlich weniger Aufklärung als Anklage das Ziel zu sein.

Ich kann das auch im Nachhinein nur begrenzt aufregend finden. So etwas muss eine Partei aushalten, die ganz bewusst Kraft daraus zieht, dass sie sich kämpferisch vom Mainstream abgrenzt und sich hartnäckig weigert, rechtsextreme und national-chauvinistische Kräfte auszuschließen.« Einen guten Journalisten erkennt man daran, dass er sich mit keiner Sache gemein macht, auch nicht mit einer guten Sache.« Das ist der Grundsatz, den Hajo Friedrichs unserem Handwerk hinterließ. Er muss ins Gegenteil verkehrt werden, wenn Personen oder Gruppen Grundwerte von Freiheit und Menschenwürde angreifen oder auch nur zur Disposition stellen. Dann ist nicht »raushalten« gefordert, sondern Haltung und Engagement.

Testfall »Flüchtlingskrise«

Der jüngste Bruch zwischen der Mehrzahl deutscher Journalisten und einem erheblichen Teil ihrer Leser/Hörer/Zuschauer begann, als die »Flüchtlingskanzlerin« die Grenze öffnete, die Zahl der Migranten enorm anstieg, und die dahinsiechende euroskeptische AfD – mit teilerneuertem Personal – ihre Wiedergeburt als »Uns reicht's«-Bewegung erlebte. Der Bruch geschah nicht im Rausch der ersten Bilder, aber bald danach.

Populisten profitierten davon, dass sich die sogenannte Flüchtlingskrise zum Tiefpunkt der Beziehung zwischen der deutschen Öffentlichkeit und ihren Medien entwickelte. In vielen Köpfen hat sich die Vorstellung festgesetzt, dass die Kanzlerin nach dem 4. September 2015, dem Tag oder besser: der Nacht der Grenzöffnung, von einem fast einstimmigen Chor von Jubel-Medien getragen wurde. So sehr, dass da ein stabschwingender Dirigent am Werk vermutet wurde. Des einen Verschwörungstheorie ist des anderen plausible Überlegung; des einen humanitäre Großtat (Merkels Grenzöffnung) ist des anderen Staatsversagen (Seehofer: »Herrschaft des Unrechts«).

Michael Haller, ein maßgeblicher deutscher Medienwissenschaftler, legte im Juli 2017 eine umfangreiche und tiefgehende Untersuchung über »Die ›Flüchtlingskrise‹ in den Medien« vor.

Analysiert wurde vor allem die Berichterstattung der *Süddeutschen Zeitung*, der FAZ und der *Welt* von Februar 2015 bis März 2016 – also in der »Hochzeit« dieses Themas. Haller stellt den Untersuchten kein gutes Zeugnis aus. Sein Anspruch ist die Erwartung, dass Massenmedien den Diskurs in der Gesellschaft fördern, indem sie unterschiedlichen Auffassungen ein Forum bieten, Behauptungen auf ihren Wahrheitsgehalt prüfen und allen relevanten Beteiligten Gehör verschaffen. Das, so Hallers mit großen Datenmengen untermauertes Urteil, haben jedenfalls diese drei Tageszeitungen nicht geleistet. Sie hätten sich weit über Gebühr damit beschäftigt, eine Meinung zu verbreiten, die grundsätzlich mit der Politik der Regierung einverstanden war. Viel zu wenig wurde in Frage gestellt, viel zu wenig seien die Flüchtlinge, die Helfer, die von den Belastungen unmittelbar betroffenen Bürger zu Wort gekommen. In der Summe habe die Berichterstattung dafür gesorgt, dass »Willkommenskultur« zum Ideal verklärt wurde. Sie habe »nicht nur Selbstgefälligkeit erzeugt, sondern auch viel zur Mobilisierung des Gemeinsinns und zur Förderung des Sozialverhaltens beigetragen«. Mit anderen Worten: Die Politik der Mächtigen sei von Leitmedien der »vierten Gewalt« gestützt statt angemessen in Frage gestellt worden. Damit hat die Presse für Haller ihre zentrale Aufgabe verweigert und Menschen ausgegrenzt, die ihre Sorgen und Ängste nicht mehr artikuliert sahen und sich deshalb auf Außenseiterpositionen zurückzogen. Haller belegt das mit der harten Vokabel »Dysfunktion« und gibt der Presse, ohne ihr Absicht zu unterstellen, eine Mitverantwortung für den Graben, der sich durch die Gesellschaft ziehe.

Haller hat Fernsehen aus seinen Untersuchungen ausgeschlossen, weil die Bewertung der Bilder eine nicht mehr zu bewältigende Herausforderung bedeutet hätte. Sind unsere Nachrichten damit einfach aus dem Schneider? Nicht ganz.

Wer zum Beispiel die Sendungen des *heute-journals* aus dem Herbst und Winter 2015 noch einmal in Ruhe und mit kritischem Abstand sieht, wird feststellen, dass es den angeblichen Jubelchor nicht gab. Das pauschal zuversichtliche »Wir schaffen das« der Kanzlerin wurde ständig an ihren Entscheidungen und Handlungen gemessen. Die Frage, wo das »Wie« zum »schaffen das« bleibt, wurde immer wieder gestellt. Von Anfang an wiesen Moderatoren und Reporter darauf hin, wie groß diese Aufgabe für die deutsche Gesellschaft ist und dass es Grenzen der Belastbarkeit gibt – »Die Krise ist nicht morgen vorbei« (so Christian Sievers schon am Tag der Grenzöffnung), »es kann nicht endlos so weitergehen« (am Tag danach). Kritiker wie der Regierungspräsident von Oberbayern (»das ist eine nationale Aufgabe, schwerer als die Wiedervereinigung«) oder Bayerns Innenminister Herrmann kamen im *heute-journal* und anderen Sendungen ausführlich zu Wort. Es gab Reportagen, die deutlich machten und nicht etwa kleinredeten, dass die Hilfsbedürftigen und Geringverdiener der deutschen Gesellschaft sich plötzlich in einem Verteilungskampf mit »den Flüchtlingen« sahen, denen Unterkünfte zugewiesen wurden, die Deutschen nicht offenstanden. Die Sogwirkung der Willkommensbilder (inklusive Selfies mit der Kanzlerin) wurde diskutiert.

Das alles zeigt sich bei ruhiger Betrachtung und Analyse. Kaum jemand aber sieht Nachrichten so. Jedem Fernsehmacher muss klar sein, dass seine Bilder erstens emotional, zweitens emotional und drittens emotional wirken. Das ist eine allgemeine menschliche Reaktion, kein Symptom mangelnder Intelligenz. Davor schützt kein Universitätsdiplom. Fernsehmacher dürfen das nicht als Ausrede nutzen. Im Gegenteil: Wir müssen die Verantwortung auch für die emotionale Wirkung unserer Bilder akzeptieren. In den ersten Tagen nach den Grenzöffnungen weckten die Berichte praktisch aller Medien vor allem eine Emotion: ein dringendes Bedürfnis, zu helfen. Was denn auch sonst?

Man darf nicht vergessen, wie unhaltbar die Lage geworden war. Die Bilder vom Bahnhof Budapest, aus den Lagern und von den Strecken entlang der sogenannten Balkanroute, die keine Route war, sondern der Leidensweg von Hunderttausenden, konnte man kaum noch ertragen. Das Foto des toten kleinen Jungen am Strand von Bodrum, die schreckliche Tragödie eine Woche zuvor auf einer österreichischen Autobahn, als 71 Flüchtlinge in einem Lieferwagen erstickten, bekam niemand mehr aus dem Kopf. Völlig zu Recht hatte sich das Gefühl aufgebaut, dass Europa aufhören würde, die beschworene Wertegemeinschaft zu sein, wenn es jetzt keine menschliche Lösung geben würde. Das prägte die Gefühlslage dieser ersten Tage nicht nur in den Medien. Sie fiel nicht vom Himmel und wurde nicht auf Anweisung der Kanzlerin geschaffen.

Millionen Menschen waren entsetzt darüber, welches Bild Deutschland der Welt in den Monaten zuvor geboten hatte. Bis zum Stichtag 5. September gab es 2015 schon beinahe einhundert fremdenfeindliche Angriffe. Gerade erst war die Kanzlerin im sächsischen Heidenau von einer aufgebrachten Menge als »blöde Schlampe«, »Volksverräterin« und noch viel schlimmer beschimpft worden.

Da bedeuteten die Bilder von überbordender Willkommenskultur und Hilfsbereitschaft auch Selbstvergewisserung, ein »Wir sind nicht so, Deutschland ist nicht Heidenau«. Das konnten die Flüchtlinge nicht wissen, die nach Wochen der Schikanen bei der Ankunft in Deutschland plötzlich in Willkommen ertranken. Aber sie konnten es spüren. Über die Bahnsteige wankend, mit letzter Kraft, hielten sie ihre Handys hoch und berichteten quasi live nach Hause, dass sie in einer Art Himmel angekommen seien. Mit einer Angela als Chefin. Das musste zu Hause als Signal zum Aufbruch gewertet werden. Das ist ein Problem. Aber war es wirklich die Aufgabe der Medien, diese Sorge sofort in den Mittelpunkt zu stellen? Ich denke: nein! Solche – berechtigte – Warnungen wären angesichts der Emotionen des Tages nur noch geschmack- und herzlos gewesen. Dafür war wenig später noch genügend Zeit. Und dann hat es daran auch nicht gefehlt. Wenn manche Agitatoren schneller reagieren und auf Feuern aus Fremdenfeindlichkeit und Ängsten ihr Süppchen kochen, darf uns das nicht unter Zeitdruck setzen. Bei historischen Herausforderungen – nicht weniger als das war und ist der Strom der Flüchtlinge nach Europa – gibt es immer gewaltige Probleme, Verlierer und Gewinner. Aber diese Fragen brauchen Ruhe, eine sichere Basis von Fakten und vor allem: Kontext. Wenn das ein paar Tage Recherche und Nachdenken braucht, wäre es grundfalsch, quasi ersatzweise schon mal die lautesten Schreihälse auf den Sender zu bringen.

Fernsehen ist – in der Beschreibung des Bundesverfassungsgerichts – nicht nur Faktor, sondern auch Spiegel der öffentlichen Meinung. In den ersten Stunden gab es vor allem Begeisterung und Bürgerengagement zu spiegeln. Es gab auch Strecken, in denen Nachrichtensendungen sich nicht aufs Spiegeln der Stimmung beschränkten, sondern sich von ihr tragen ließen. So what? Sie waren nicht allein. Wie ihnen ging es der Mehrheit im Land. Anfangs!

Nach wenigen Tagen änderte sich bei uns wie in der Öffentlichkeit die Tonalität, traten Probleme stärker in den Vordergrund. Angela Merkel hatte im Namen der Menschlichkeit aus einem europäischen Problem ein deutsches gemacht. Es gab Anzeichen dafür, dass sich ihre Erwartungen nicht erfüllen und viele ihrer europäischen Partner sie und ihr Land im Stich lassen würden. Sie hatte nicht die Kälte und die Nerven aufgebracht, das Problem aufzustauen und abzuwarten, bis der Druck der

Bilder und des Leidens Europa zu einer gemeinsamen Lösung zwingt. Auch so konnte man die Ereignisse sehen.

Am Ende mag Merkels Linie die einzig vertretbare Politik gewesen sein, aber sie war buchstäblich fragwürdig. Die Regierungschefin sprach im Bundestag und auf großen Bühnen, aber sie vermied in den schwierigsten ersten Wochen kritische, intensive Interview-Formate wie *» Was nun?«, »Farbe bekennen«* oder die großen Nachrichtenmagazine. Sie schickte ihre Sachbearbeiter, die Minister für Kanzleramt und Inneres nach vorne und stellte sich erst einen Monat später einer Talkshow-Moderatorin, der sie vertraut. Das war kritikwürdig und wurde auch kritisiert. Immer wieder.

Zu einer medienkritischen Bilanz dieser Wochen gehört, dass Kameraleute und Cutter den emotionalen Bildern von Frauen, kleinen Kindern und Familien nicht widerstehen konnten. Reporter suchten für ihre Interviews aus dem Strom der Menschen naturgemäß Flüchtlinge aus, die den Eindruck machten, dass man mit ihnen ein produktives Gespräch führen kann – am liebsten auf Englisch. So stand dieser Typus im Mittelpunkt der Berichte, obwohl die Statistiken zeigen, dass mehrheitlich junge Männer ankamen – bei weitem nicht alles »Landärzte für die Lausitz« und Software-Spezialisten. Auch das wurde in unseren Berichten immer wieder klargestellt. Ein korrekturbedürftiges Bild wurde korrigiert. So was ist keine Kampagne.

Das gilt auch für den offensichtlichsten Fehler: Silvester 2015 in Köln. Wir haben die Anzeichen nicht rechtzeitig erkannt und falschen Erklärungen der Polizei zunächst vertraut. Die Aufarbeitung dieses Versagens in unseren Redaktionen war schonungslos. Wir konnten selbst nicht fassen, dass uns das passiert ist. Wir haben gelernt und unsere Zuschauer um Entschuldigung gebeten. Das ist das Gegenteil von Linientreue. So rüstet sich eine freie Redaktion, um bei der nächsten Gelegenheit noch kritischer und hartnäckiger zu sein.

Nach unserer Überzeugung haben Journalisten keine Wahrheiten zu zügeln oder hintanzustellen, etwa weil realistische Berichte Integrations- und Hilfsbereitschaft bremsen könnten. Sie haben nicht bessere Menschen zu erziehen. Im Handwerk von Reportern und Moderatoren ist überhaupt kein »um zu« erlaubt außer »um zu informieren«. Es darf noch nicht einmal der Verdacht entstehen, dass eine Nachrichtensendung die Mächtigen stützen will.

Wir wissen und beherzigen das. In jenen Tagen hat die zu unseren Lebzeiten nie zuvor dagewesene Situation auch uns streckenweise überfordert. Nicht lange. Freie Redaktionen sind lernende Systeme. Wir haben gelernt – auch aus Fehlern – und müssen uns für unsere Arbeit nicht verstecken. Deutschland wurde und wird in dieser historischen Herausforderung von seinen großen Medien insgesamt fair und umfassend informiert. Für jeden, der bereit ist zu sehen, hören und lesen, steht eine solide Faktenbasis, um in »allgemeiner, (…) freier, gleicher und geheimer Wahl« zu entscheiden, wie es weitergehen soll.

Fakten im Strom

»Von Ihnen erwarte ich, dass Sie ausschließlich Fakten bringen«, schreiben erboste Zuschauer immer dann, wenn ihre Bewertung der Fakten von der abweicht, die sie bei uns vermuten. Ich warte noch auf die erste Zuschrift, deren Schreiber mir erklärt, dass er völlig meiner Ansicht sei, ich diese aber bitte für mich behalten solle.

Erst mal gilt, dass ein stures »facts only«-Gebot für ein Nachrichtenmagazin wie das *heute-journal* nicht gelten kann. Wir verlangen von uns selbst eine Haltung: unparteiisch, skeptisch, kritisch, aufklärerisch.

Und zweitens: Selbst wenn wir uns auf Faktenvermittlung

beschränken, ist das nicht so simpel und unangreifbar wie das Verlesen eines Fahrplans.

Es reicht eben nicht, nackte Zahlen weiterzugeben, wenn zum Beispiel die Kriminalstatistik nach dem Flüchtlingsstrom einen Anstieg verzeichnet. Wer darauf hinweist, dass für ein faires Urteil vergleichbare Bevölkerungsgruppen verglichen werden müssen (jung, männlich), und zeigt, dass dann die Zahlen der Neuankömmlinge nicht schlechter sind als die der Alteingesessenen, der beschönigt nicht und äußert auch keine Meinung, sondern tut seine Pflicht als Berichterstatter. Es passt dann halt nicht in die 140 Zeichen eines empörten Tweets.

Und ewig lockt das Vorurteil

Das Phänomen, dass die wichtigsten Medien bei großen Themen nach einiger Zeit zu einer Art Grundkonsens zusammenströmen, dem der Spitzname »Mainstream« verpasst wurde, ist natürlich nicht auf das Flüchtlingsthema beschränkt.[7] Gerade im Fernsehen entsteht Gleichförmigkeit oft aus handwerklichen Gründen. Warum schafft es auch das kleinste Grüppchen Demonstranten, mit einer bunten Performance am Verhandlungsort in alle Berichte über ein komplexes Thema wie TTIP zu kommen? In der Regel, weil wir nach interessanten Bildern lechzen, die Gestalten am Verhandlungtisch stinklangweilig wirken und niemandem etwas Überzeugendes dazu eingefallen ist, wie man das eigentliche Thema optisch darstellen könnte.

Warum sehen generell Demonstrationen im Fernsehen oft größer aus als in Wirklichkeit? Weil man die Zuschauer gerne mit in die Menge nimmt, wo dann alles voller wirkt und weil per Teleobjektiv verdichtete Mengen und Nahaufnahmen interessanter und eindrucksvoller sind als Totalen von halbleeren Plätzen.

Warum sieht man nach einer Pegida-Veranstaltung mit 5000 Teilnehmern in fast allen Berichten das erbärmliche Werk einer Gestalt, die einen Galgen »to go« für die Kanzlerin gebastelt hat? Das beantwortet sich von selbst. Es wird schon schwieriger bei der Frage, weshalb eine blutverschmierte Guillotine für Sigmar Gabriel bei der großen Anti-TTIP-Demonstration in Berlin viel weniger beachtet wurde und weniger im Gedächtnis blieb. Man kann das sachlich begründen: Die Veranstaltung gegen das Freihandelsabkommen war insgesamt mehr an der Sache orientiert und nicht so hasserfüllt wie etwa Pegida-Aufmärsche. Aber wer weiß, ob das wirklich der Grund für diese Auslassung war? Es ist nicht zu bestreiten, dass sich gerade in der Bildauswahl persönliche Haltungen von Reportern, Kameraleuten und Cuttern zeigen. So wie in Wortwahl und Ton der Texte. Hier arbeiten Menschen. In den Köpfen von Redaktionen – wie in Teilen der Gesellschaft – haben sich Wertungsmuster gebildet, die auf die Arbeit Einfluss haben. Vorstellungen wie die, dass (Achtung! Zugespitzt!)

– Verbraucherorganisationen eher Vertrauen verdienen als die Industrie,
– Trump dumm ist, Amerikaner es generell auch sind,
– Militärs mit Misstrauen und NGOs (Nichtregierungsorganisationen) mit Freundlichkeit gegenüberzutreten ist,
– Entwicklungsländer stets mehr Entwicklungshilfe verdienen,
– Lobbyarbeit keiner sachkundigen Gesetzesarbeit dient, sondern allein dem Profit der Industrie,
– Wetterphänomene aller Art grundsätzlich mit menschengemachtem Klimawandel zusammenhängen,
– westliche Geheimdienste entweder Versager sind oder das Geschäft der USA besorgen,
– Resozialisierung der einzig legitime Zweck von Strafvollzug ist,

– die Wahrheit stets irgendwo in der Mitte liegt,
– usw., usw.
schwirren durch den Alltag vieler Redaktionen, auch wenn sie selten so artikuliert werden.

Wenn die Liste linkslastig wirkt, ist das nicht überraschend. Nach einer Erhebung der Bundeszentrale für politische Bildung ordnen 46 Prozent der Journalisten sich selbst politisch links von ihrem Publikum ein, nur 7 Prozent rechts. Das muss kein Problem sein, wenn die Akteure mit ihren eigenen Vorlieben professionell umgehen. Für Nachrichtenleute muss es gleichgültig sein, wo sie selbst stehen. Sie müssen alles, was ihnen begegnet, in jedem Fall hinterfragen. Leider haben Sachverhalte die unangenehme Neigung, immer komplizierter zu werden, je länger man sich mit ihnen beschäftigt. Dann lockt fast immer eine Alternative: das einladende Bett von Klischees und Vorurteilen, in das man sich fallen lassen kann, wenn Zeit fehlt, die Arbeit zu anstrengend wird und man zumindest im Kollegenkreis keinen großen Widerspruch oder Ärger riskieren will. Vorurteile haben in einem dichten Arbeitstag halt einen unwiderstehlichen Vorteil: Sie sind schon fertig.

Besser wäre es, ein paar Meter gegen den Mainstream zu schwimmen. Das fordert Engagement, aber keinen Mut. In keiner anderen Zeit war es und in keinem anderen Land der Erde ist es so gefahrlos möglich wie heute bei uns, gegen alles und das Gegenteil zu schreiben und zu sprechen. Man muss es nur begründen können. Im Mainstream treiben ist bequemer. Und Bequemlichkeit ist der größte Verführer. Im *heute-journal* wirkt ihm unsere Lust am dauernden Infragestellen entgegen. Und die Tradition, jeden Beitrag, jede Moderation in der Konferenz des nächsten Tages auseinanderzunehmen. Das ist selten ein Spaß. Aber am Ende macht es Freude.

Ich erinnere mich an die Produktionshalle eines urigen Bourbon-Brenners in Kentucky. Da hing in Holz geschnitzt ein Zitat an der Wand, das er, wohl fälschlicherweise, Bismarck zuschrieb: »The ever-present danger of mediocrity requires eternal vigilance!«

Wenn wir Gefahr des Mittelmaßes durch Mainstream ersetzen, gehört der Spruch in jede Redaktion: Der ewige Sog des Mainstreams verlangt pausenlose Wachsamkeit. Da droht Gefahr. Zuschauer sind zu lebenserfahren und klug, um nicht zu merken, wenn jemand nur das Bequeme, Normale nachbetet, ohne recherchiert und nachgedacht zu haben. Dabei glaube ich noch nicht einmal, dass es die großen Nachrichtenredaktionen sind, die den Eindruck geistlosen Mitschwimmens am stärksten verbreiten. Die *Tagesschauen* und *heute*-Sendungen, die großen Zeitungen und Magazine, der Deutschlandfunk und andere Qualitätsmedien treiben täglich erheblichen Aufwand, um Dingen auf den Grund zu gehen. Unfundierte Pauschalurteile müssen in einer funktionierenden Redaktion Prüfung und Nachfragen bestehen. Aber diese Art Medien prägt nur einen Teil des Marktes, bekommt nur einen Teil der Aufmerksamkeit.

In der Masse wird das Bild der Mainstream-Medien geprägt von Radiokanälen (leider auch manchen öffentlich-rechtlichen), TV-Sendungen und Printprodukten, die mit einem Minimum an Ressourcen, Mühe und Ethos den Strom von Geplapper und Geschreibsel speisen. Dort ist der Mainstream am breitesten und trübsten.

Eine flotte Bemerkung über den dummen Trump, die schlimme Le Pen, den aggressiven Putin, einen gewissenlosen Großkonzern, die ewiggestrige Kirche oder eine coole Greenpeace-Aktion helfen immer ein paar Sekunden oder Zeilen weiter, ohne dass man sich mit einer Sache vertieft befassen muss. So untergräbt man Silbe für Silbe die Glaubwürdigkeit, ohne die Demokratie nicht funktioniert. Auch dahin kann Mainstream uns tragen. Dirigenten braucht es nicht.

In den USA hat der Mainstream eine heftige Gegenwehr ausgelöst und eine demokratische Revolution befeuert. Das Ergebnis ist Präsident Trump. Bevor der Wahlkampf richtig begann, als Hillary Clinton noch unangefochten als Siegerin festzustehen schien, war in den Mainstream-Medien fast täglich ein eleganter, zuversichtlich lächelnder Präsident Obama zu sehen, der den Menschen erklärte, dass es dem Land großartig gehe. Viele spürten, dass das mit ihrer Lebenswirklichkeit nicht übereinstimmte. Sie wurden zornig. Im Netzwerk der sozialen Medien machten sie die ermutigende Erfahrung, dass sie nicht allein waren. Und dann zeigten 24-Stunden-Newskanäle andauernd einen bulligen, sagenhaft reichen Mann, der ihnen genau das sagte, was sie schon lange hören wollten. Durch diese Kluft zwischen den Wahrnehmungen stieg Donald Trump nach oben. Das merkten die Mainstream-Medien exakt am Abend des 8. November 2016. Da war er gewählt.

Mainstream hat Risiken und Nebenwirkungen. Mitschwimmen mag bequem sein. Es ist aber vor allem gefährlich. Darüber kann man Seminare besuchen oder veranstalten, Untersuchungen machen, Bücher schreiben oder lesen. Schneller geht es, aus Fehlern zu lernen und sich neu auf die alten Tugenden unseres Handwerks zu besinnen.

Der Mailschreiber vom Neckar, der sich über unsere angebliche Linientreue so aufgeregt hatte, bekam übrigens noch Antwort. Ich hatte genügend eigene Wut im Bauch, setzte mich an meinen Rechner und packte den Absender an einer Gemeinsamkeit: Wir stammen beide aus der Region des Flusses von Hölderlins, Schillers und Goethes und des freiheitlichen Geistes der

1848er Revolution: »Der genius loci hat offenbar den Weg in die Abgründe Ihres Hirns gemieden. Verständlich!«, lästerte ich und wies den Schreiber darauf hin, dass es immer mehr Länder gebe, die ihm gefallen müssten, weil der Regierungschef dort Journalisten problemlos feuern könne. Er solle seine Auswanderung hurtig in Angriff nehmen.

So sollte man sich in meiner Rolle nicht gehen lassen. Aber siehe da: Es kam eine recht höfliche Antwort zurück, dass die ursprüngliche Mail immer noch richtig, aber nicht so böse gemeint gewesen sei. Vielleicht hat der Volksmund recht, und es gehört auf einen groben Klotz ein grober Keil? Aber wer will sich schon dauerhaft auf dieser Ebene bewegen?

News and Social Media

Es ist nicht einfach, an die Spitzenleute des Konzerns heran-
zukommen, der die Informationsversorgung der Menschheit im
21. Jahrhundert dominieren will – der Chef spricht allerdings
vorläufig bescheiden nur von der »besten Zeitung der Welt«.
Der Termin bei Facebook erforderte monatelange Vorbereitung.
Am Ende flog die PR-Frau für Deutschland eigens nach Silicon
Valley, um für einen ordnungsgemäßen Ablauf unseres Interviews zu sorgen und uns den Weg durch den Dschungel aus
Vorschriften und Drehbeschränkungen zu weisen. Aber dann
sind wir tatsächlich bei Facebook, zu Gast in dem von einem
Star-Architekten auf Fabrik-Rohbau gestylten größten Groß-
raumbüro des Universums. Der unauffällige Nerd, der in Jeans,
kariertem Baumwollhemd und Turnschuhen auf uns zukommt,
sieht nicht so aus, als ob er viel zu sagen hätte. Aber das ist die in
Silicon Valley übliche Täuschung. Mike Schroepfer ist auf der
Top-Etage von Facebook dem großen Zampano Mark Zucker-
berg direkt verantwortlich für die gesamte Technik und die
gewaltigen Serverfarmen, die – rund um den Globus verteilt –
vier Milliarden Rechenoperationen pro Sekunde leisten. Mikes
Stolz ist die Zielgenauigkeit der Informationen aus der Face-
book-Maschine: »Jedes Mal, wenn jemand auf Facebook geht,
sind da Posts von seinen Freunden. Die meisten merken gar
nicht, wenn sie nur zehn Storys sehen, obwohl es Tausende
gäbe, die wir ihnen hätten zeigen können.«
   »Und wer entscheidet, was ich sehe und was nicht?«
   »Na, der Algorithmus!«, platzt es aus Mike heraus, er staunt
über so viel Naivität. »Unser Newsfeed-Algorithmus. Künst-

liche Intelligenz. Jeden Tag wird er besser. Er garantiert, dass wir dir immer genauer die Geschichten zeigen, die du sehen willst. Exakt das, was du dir wünschst.«

Natürlich ist einem das unheimlich. Aber ich fürchte, dass das schon jetzt die Konkurrenz ist, gegen die wir antreten. Auch wenn das viele nicht zur Kenntnis nehmen wollen. Immer wieder schaue ich in ungläubige Gesichter, wenn ich vor gediegenen Leuten über Facebook als Nachrichtenquelle spreche. Sie glauben, einen Scherz zu hören. Aber keiner lacht.

Meine Rückfrage ist in solchen Situationen, welche Nachrichtenthemen die Runde denn interessiere. Dann kommen die Bundestagswahl, der Syrienkrieg, Klimawandel, Börsengeschehen, Putin, Trump und Sport. Natürlich ist keine Variante einer solchen Liste des Üblichen komplett. Kein Interesse für den fernen Fußballverein aus der Jugendzeit? Daran, ob die Tochter der Freunde ihr Baby bekommen hat? Was der Ferienort im Erdbebengebiet an Hilfe braucht? Kein Künstler, dessen Konzerte oder Ausstellungen man verfolgen möchte? Keine Fachinteressen von Medizin bis Oldtimer?

Wenn diese Leute ihre Vorurteile überwinden und verstehen, wie verführerisch die maßgeschneiderten Angebote der Social Media wirken, dann werden auch sie einen großen Teil ihrer Medienzeit zu solchen Anbietern tragen. Bis dahin müssen wir ihnen noch stärker die Überzeugung mitgeben, dass sie Wichtiges verpassen, wenn sie uns von der Stange gehen. Die Zeit, zu handeln, ist jetzt. Die Felle sind schon ein gutes Stück davongeschwommen. Derzeit läuft der größte Umbruch in unserem Gewerbe, seit es erfunden wurde, seit Jakob Fugger im 16. Jahrhundert zwei Neuigkeitensammler einstellte, die »Nouvelanten« Crasser und Schiffle, damit sie ihm die Berichte seiner reisenden Kaufleute zusammenfassten – ein früher Vorläufer der *Financial Times*.

Ich schreibe hier über das Fernsehgeschäft, weil ich von dem der Printkollegen viel weniger verstehe. Aber im Prinzip gilt das Gesagte für das, was unter dem Beinahe-Schimpfwort Mainstream-Medien zusammengefasst wird.

Die Revolution, die mit den Smartphones kam, war still, leise und gefällig. Man bekam in den letzten Jahren zwar mit, dass große Veränderungen im Gange sind, aber trotzdem konnte man sein Tagwerk und Nachtwerk erledigen, als sei es immer noch 2007. Das war das Jahr, in dem Steve Jobs das Apple-iPhone präsentierte, das heute jedem die Nachrichten- und Videoquellen der ganzen Welt buchstäblich in die Hand legt – einschließlich sämtlicher persönlicher Kontakte, Busfahrplänen, enzyklopädischem Wissen und Alarmfunktionen.

In solchen schleichenden und dennoch grundstürzenden Entwicklungen hat jeder seinen eigenen »Heureka«-Moment. Meiner kam erst, als mir Robert Amlung, ein strategischer Kopf des ZDF, das Zuschauerverhalten an einem großen Nachrichtentag analysierte. Er wählte Mittwoch, den 7. Januar 2015, den Tag des Anschlags auf *Charlie Hebdo*, das radikal antiautoritäre, antiklerikale Satire-Magazin in Paris.

Erschreckende Erkenntnis

Es war ein brutaler Überfall am helllichten Tag. Zwei Brüder, islamistische Terroristen, drangen in die Räume der kleinen Redaktion ein, töteten innerhalb weniger Minuten elf Menschen und flohen schließlich in einem gestohlenen Auto. Sämtliche Spezialeinheiten Frankreichs waren an der Jagd auf die Täter beteiligt. Es war ein enormer Schock für ganz Europa, der erste Anschlag von al-Qaida/IS im Herzen einer europäischen Metropole. Tatort war eine Stadt, zu der fast jeder eine persönliche Beziehung hat, selbst wenn man niemals dort war.

Es wurde ein extrem fordernder Tag für jede Nachrichten-

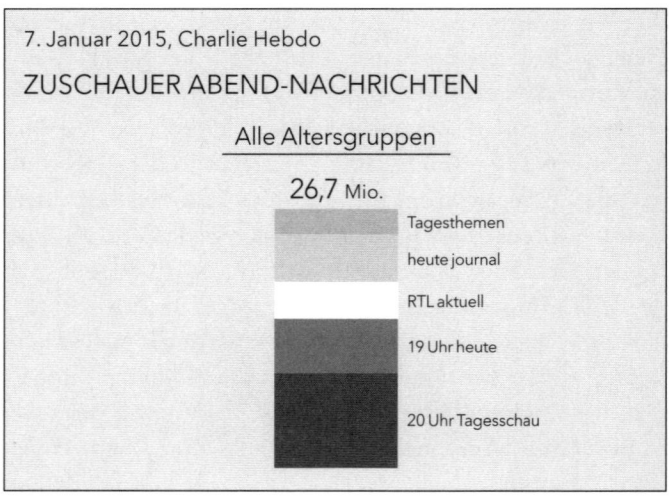

7. Januar 2015, Charlie Hebdo

ZUSCHAUER ABEND-NACHRICHTEN

Alle Altersgruppen

26,7 Mio.

Tagesthemen

heute journal

RTL aktuell

19 Uhr heute

20 Uhr Tagesschau

redaktion, einer der Tage, an denen es darauf ankommt, aus dem Stand heraus, mit dem eigenen Erschrecken ringend, das Richtige zu tun, den richtigen Ton zu treffen. Es war aber auch ein Tag, an dem man als News-Mensch damit rechnen durfte, dass alle auf unsere Arbeit schauen.

Die Voraussetzungen für vorder- wie hintergründige Berichterstattung waren ausgezeichnet. Paris ist ein Medien-Knotenpunkt, bietet alle technischen Möglichkeiten. Der Anschlag geschah morgens, die Redaktionen hatten trotz Sondersendungen Zeit, sich bis zur *Primetime* am Abend mit Hintergründen zu befassen, Experten an Land zu ziehen, Karten, Grafiken und Chronologien vorzubereiten. Jeder hatte über den Tag hinweg früher oder später von dem Geschehen gehört, musste eigentlich gespannt sein auf neue Informationen. Die Jagd nach den Tätern hielt an, von ihnen waren neue Anschläge oder Geiselnahmen zu befürchten.

Es war also das, was uns in den letzten Jahren viel zu oft begegnet: ein furchtbares Geschehen und gleichzeitig die

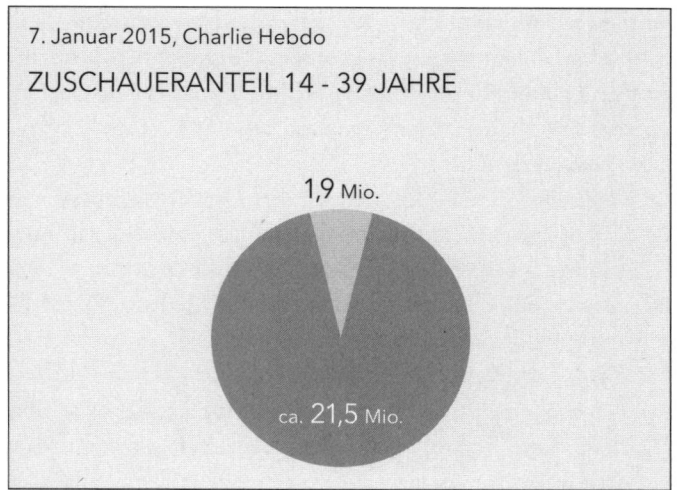

7. Januar 2015, Charlie Hebdo

ZUSCHAUERANTEIL 14 - 39 JAHRE

1,9 Mio.

ca. 21,5 Mio.

Chance, ungewöhnlich viele Menschen zu erreichen. Aber es kam anders. Die Zahlen sind ein Warnsignal.

Nimmt man alle Angebote von ARD, RTL und ZDF zusammen, sahen am frühen Abend dieses außerordentlichen Tages 19,2 Millionen Menschen eine klassische Hauptnachrichtensendung. Später kamen noch 5 Millionen für das *heute-journal* und 2,5 Millionen für die *Tagesthemen* dazu, in der Summe also 26 Millionen Menschen. Das ist eine stattliche Zahl. Die allerdings ein großes Problem verdeckt.

In der Altersgruppe zwischen 14 und 39 Jahren haben an diesem Tag 91,2 Prozent der Deutschen KEINE der großen Nachrichtensendungen gesehen, keine *Tagesschau*, 19-Uhr-*heute* oder RTL-II-*News*. Eine bedrückende Bilanz. Dass später noch knapp 600 000 für *heute-journal* und *Tagesthemen* dazukamen, fällt prozentual kaum noch ins Gewicht. Auch weil es viele Doppelseher gibt.

Wir haben über 90 Prozent des »jungen« Publikums nicht erreicht. Da ist ja nicht von Kids die Rede, denen man im Laufe der Zeit »schon noch klassisches Sehverhalten beibringen« wird. 39-Jährige stehen mitten im Leben und in Verantwortung. Sie werden nicht mehr umerzogen. Wir dürfen uns nichts vormachen: Alte Verhaltensmuster brechen weg. Medienforscher sprechen vom Alters-Abriss.

Wo blieben die 20 Millionen 14- bis 39-Jährigen am Abend des Terrors gegen *Charlie Hebdo*? Sie haben doch wohl mitbekommen, was in Paris passiert ist. Das Massen-Informationsmedium in dieser Altersgruppe sind Soziale Medien, Nachrichten-Austausch-Systeme in Freundeskreisen wie Twitter, Facebook, Instagram, Snapchat, Periscope, unterstützt von Youtube-Videos und Live-Feeds von TV-Programmen aus aller Welt. Wer eine E-Mail an seine Freunde verschickt, steht noch auf der Entwicklungsstufe von Briefschreibern. Wer Social Media betreibt, ist ein »broadcaster«, agiert als Nachrichtenunternehmen. Die brummten am Tag von *Charlie Hebdo*. Und an allen solchen Tagen danach. Vielen jüngeren Menschen hat dieses Angebot offenbar gereicht.

Die Aufmerksamkeit eines solchen Publikums zu gewinnen ist für klassische Medien natürlich noch einmal schwerer in den Zeiten, in denen es keine »breaking news« gibt, sondern nur den »daily grind« des politischen, wirtschaftlichen, kulturellen Alltags. Die Liste langweilt schon, wenn man sie aufschreibt. Dabei stecken hinter vielen der unauffälligen Meldungen und Geschichten Trends und Projekte, die unsere Gemeinschaft betreffen, herausfordern, verändern. Sie sind es wert, beschrieben und in Frage gestellt zu werden, bevor die Mächtigen aller Couleur in ihrem Sinne Tatsachen schaffen. Dafür reicht es aber nicht, per Push-Nachrichten oder im Grundrauschen der Chatrooms die größten Explosionen aufzuschnappen.

Was fehlt, wenn wir fehlen

Das, was wir klassischen Medien gut können und machen – Kontext herstellen, Rahmen setzen, Hintergrund ausleuchten – versinkt für eine neue Generation im Adrenalinrausch der kurzen Nachricht, des kontextlosen »davon habe ich gehört«. Das reicht, um oberflächlich mitzureden, sich wenigstens so zu fühlen, als wäre man auf der Höhe der Ereignisse, bevor es weitergeht zum nächsten Trend.

Wir haben es zu tun mit einer Generation des »gazing, scanning, snacking and zapping« (des flüchtigen Schauens, Überfliegens, Knabberns und Wegschaltens), wie sie die Amerikaner Palfrey/Gasser 2008 in ihrem Buch *Born Digital* hellseherisch beschrieben. Auch solche Bürger und Wähler bilden sich Urteile. Aber auf welcher Grundlage?

Der Altmeister Peter von Zahn, in den sechziger Jahren des letzten Jahrhunderts, als die Welt noch groß war, USA-Korrespondent der ARD, stellte um die Jahrtausendwende fest, dass wir Ereignisse nur noch isoliert betrachten und nach ihrem Sensationswert einstufen. »Wir haben uns angewöhnt, die Dinge rahmenlos zu sehen«, sagte er. Was für ein Satz! Hat er Twitter kommen sehen?

Wir werben um die Aufmerksamkeit einer lässigen Generation von Mediennutzern, die sich nicht mehr die Mühe machen, nach den besten Nachrichten zu suchen. Ihr Motto ist: »If the news are important, they will find me.« Amerikanische Medienforscher haben einen bezeichnenden Namen für den am schnellsten wachsenden Typ von Nachrichtenkonsumenten geprägt: bored@work. Das ist jemand, der bei der Arbeit gelangweilt durch die Angebote scrollt. Die Industrie von Google bis Focus wird immer cleverer darin, die Aufmerksamkeit und den klickenden Finger dieses Nutzertyps einzufangen.

Selbstverständlich spricht sich auch unter Politikern – oder ihren Medienberatern – herum, was es braucht, um in Social Media oben zu stehen. Die Entwicklung fördert einen Politikertyp, der in Twitter-Schnipseln kommunizieren kann. Den gibt es schon, denn neu ist das nicht. Die Regel »It has to fit on a bumper sticker« ist uralt. Donald Trump hat da nur neue Standards gesetzt. Er stellt mit seinen Tweets den Kommunikationsapparat des Weißen Hauses in den Schatten, bewegt Finanzmärkte und heizt Emotionen an. Noch ist kein deutscher Trump zu erkennen. Der wöchentliche Podcast der Kanzlerin und die Twittermeldungen ihres Sprechers haben den Charme des 20. Jahrhunderts. Spätestens bei der Wahl 2021 werden Social Media auch bei uns als mächtiges Instrument für Kampagnen und zum Regieren eingesetzt.

Sind also Journalisten, die noch daran glauben, dass Information und Aufklärung Grundvoraussetzungen einer demokratischen Gesellschaft sind, die Bergarbeiter des 21. Jahrhunderts? Spezialisten, die von wirtschaftlich unsinnigen Subventionen noch eine Weile über Wasser gehalten werden, obwohl ihre Leistung nicht mehr gebraucht wird? Ist es Zeit, aufzugeben?

Das wird gut

Ich denke nicht daran. Die neuen Techniken bringen verdammt viel Gutes. Wer sich informieren will – schnell oder umfassend oder beides –, hat Zugänge wie noch nie für seine Recherchen. Rohmaterial wie Forschungsberichte, Originaldokumente, Filmmaterial und Kassiber sind innerhalb von Sekunden zugänglich. Twitter vernetzt einen, wenn man es nur will, zu allen denkbaren Spezialthemen mit den besten Fachleuten der Welt, führt zu großartigen journalistischen Produkten. Lobby-Netz, News Deeply, der Watchblog zum NSU-Prozess, Correctiv, Bellingcat, Krautreporter, Vice, Vox – das alles sind News- und Meinungsquellen, die vor ein paar Jahren noch nicht einmal denkbar waren und ohne die Journalisten heute nicht mehr arbeiten können. Weder im aktuellen noch im dokumentarischen Bereich.

Das alles ist global. Aus vielen Gründen ist das gut. Es gibt kaum noch Ecken in der Welt, in der Finsterlinge unbemerkt ihre Geschäfte machen können. Syrien, Kurdistan, Darfur und Süd-Sudan, das Terrorland von Boko Haram, alles wird mehr und mehr erschlossen. Ein exzellentes kleines Team der *Süddeutschen Zeitung* steuerte die weltumspannende Auswertung der Panama Papers, die Finanzjongleuren aller Länder die nonchalante Gewissheit raubten, dass ihnen niemand auf die Schliche kommt.

Uns sitzen die Zuschauer dauernd im Nacken. Auch das ist gut. Wenn, wie im *heute-journal*, uns täglich vier Millionen Menschen bei der Arbeit zusehen, versteht unter ihnen immer jemand mehr von der Sache als wir. Kein Fehler bleibt unbemerkt. Sie werden bei Facebook und Twitter schon diskutiert, während wir noch im Studio stehen. So oft wir können, reagieren wir sofort in der laufenden Sendung. Wenn man auf Rechthaberei verzichtet und Fehler Fehler nennt, haben die meisten Zuschauer Verständnis dafür, dass das, was wir unter dauerndem Zeitdruck machen, Menschenwerk ist. Aber eine »Ach, das versendet sich«-Lässigkeit, die früher im täglichen Geschäft oft durchging, wird heute sofort bestraft. Das war fällig und ist gut.

Nicht nur das Beobachten und Kommentieren, auch das Machen und Verbreiten von Nachrichten wurden demokratisiert. Jeder kann für wenig Geld die Ausrüstung kaufen und mit wenig Mühe die grundlegenden Techniken lernen, um von jedem Ende der Welt zu berichten. Oft schneller als die klassischen Medien. Insofern war der Arabische Frühling ein gewaltiger Erfolg. Er hat den Mächtigen von Washington bis Peking gezeigt, dass das Volk mehr denn je in der Lage ist, sich eine eigene Meinung zu bilden.

Trotzdem bleibe ich überzeugt, dass das Nachrichtengeschäft, das Trennen der Spreu vom Weizen, das Sezieren von Machtkämpfen, das Durchschauen von Interessenskonflikten und politischen Manövern eine Sache für Profis bleibt. Keine elitären Typen, Profi-Handwerker, denen die Gesellschaft das Geld und die Zeit dafür gibt, sich mit nichts anderem zu beschäftigen als mit dieser Aufgabe. So wie wir Brot backen, Zähne ziehen, Straßen und Häuser bauen Profis überlassen. Millionen unserer Kunden, die Kinder unterrichten, Kranke behandeln, Blech biegen oder Computercodes schreiben, haben Bedarf an einer Nachrichtenquelle, die die Ereignisse des Tages in anschaulicher Weise aufbereitet, wertet, einordnet, die Verantwortlichen an Land zieht, ihnen höflich, aber hartnäckig die nötigen Fragen stellt und dafür sorgt, dass das Volk den Mächtigen auf die Finger schauen kann. Profis, die dafür sorgen, dass man nichts Wesentliches verpasst.

Zeit, zu handeln

Kann also alles bleiben, wie es ist, und wir warten einfach darauf, dass die Zuschauer sich wieder dem guten alten Fernsehen zuwenden? Von einem Marktgesichtspunkt her könnte das eine verführerisch einfache Lösung sein. Es ist ja nicht übel, wenn man Erfolg in der am schnellsten wachsenden Altersgruppe hat. Das ist nun mal die über sechzig.

Aber dieser Weg führt direkt zum Dinosaurier-Friedhof. Deshalb gehen wir ihn nicht, obwohl manchen das lieber wäre. Verlegerverbände fürchten, die Konkurrenz des öffentlich-rechtlichen Programmvermögens zu verlieren, und haben dafür gesorgt, dass die Netzaktivitäten von ARD und ZDF zeitlich, finanziell und inhaltlich beschränkt wurden. Deshalb verschwinden Sendungen so schnell aus der Mediathek. Es ist eigenartig, dass die Beitragszahler sich das gefallen lassen. Es ist doch ihr Eigentum, was da weggesperrt wird.

Aber die Websites von tagesschau.de bis heute.de und die öffentlich-rechtlichen Mediatheken werden gut angenommen. Für uns Macher ist es großartig, nach einem Bericht über Kämpfe in Syrien auf das Erklärstück vom Vortag verweisen zu können, das wir nicht einfach wiederholen wollen. Aufwendig produzierte Dokumentationen, die auf abgelegenen Sendeplätzen in der Nacht laufen, sammeln sich online rund um die Uhr ein großes zweites Publikum. Auch unsere Social-Media-Aktivitäten sind erfolgreiche Kanäle geworden, um unsere Inhalte weiterzuverbreiten. Aber machen wir uns nichts vor: Als Moderator darf man sich nicht viel einbilden auf eine Hunderttausender-Gefolgschaft bei Facebook oder Twitter. Die ruht immer noch auf unserer Präsenz im klassischen Fernsehen. Es wäre fatal, diese Basis zu vernachlässigen.

Unser lineares Hauptprogramm hat weiter ein Zig-Millionen-Publikum. Trotzdem wird vieles auf der Strecke bleiben: Sendungen, die das Versprechen an ihre Zuschauer nicht erfüllen oder gar nicht erst so ein Versprechen machen; Beiträge, die das Geschehen an der Oberfläche abbilden (vorfahrende Autos, Kabinettstische, Wolken über Regierungsgebäuden, offizielle Verlautbarungen), die aber keine klare Fragestellung haben und dann auch keine Antwort bieten auf das, was den Zuschauern unter den Nägeln brennt. Die keine Haltung zeigen, womit weiß Gott keine parteiliche Haltung gemeint ist, sondern eine, die in alle Richtungen Aufmerksamkeit, Intelligenz und Skepsis zeigt.

Kurz und schmerzhaft: Verschwinden wird das, was heute leider immer noch täglich in vielen Nachrichtensendungen gezeigt wird: Berichte, zusammengesetzt aus Themenbildern, nichtssagenden Füllsätzen der Reporter und erwartbaren Tönen von Partei- und Verbandsvertretern. Hergestellt von Journalisten, die im Hamsterrad fast stündlicher Sendungen nicht mehr die Zeit bekommen, sich mit den komplizierten Sachverhalten so intensiv zu beschäftigen, dass sie sie erstmal verstehen und durchschauen. Was ja unabdingbare Voraussetzung ist für Wahrheit und Klarheit und Haltung. Wer da ohne Sünde ist, der werfe den ersten Stein. Ich schließe Storys und Ausgaben des *heute-journals* nicht aus.

Bisher finden auch schwache Geschichten ihr Publikum. Weil es immer noch Millionen Zuschauer gibt, für die das tägliche Betrachten einer seriösen Nachrichtensendung zu den selbstverständlichen Pflichten eines anständigen Menschen gehört wie Zähneputzen oder Nachtgebet. Sie schauen tatsächlich immer noch linear fern, nach der Richtschnur der Programmdirektoren, Tag für Tag ausgedruckt von *Bild* bis FAZ. Diese Treuen haben sich für »ihre« Nachrichtensendung entschieden, bevor die Moderatoren auch nur »Guten Abend« gesagt haben. Oft weil etwa die *Tagesthemen* oder das *heute-journal* am besten in den Ablauf ihres Abends passt. So jemand schaltet auch nicht gleich um oder aus, wenn Beiträge durchschnittlich oder gar langweilig sind. Vielleicht kommt ja gleich noch was Besseres. Diese treuen Zuschauer werden uns noch über ein paar Jahre retten. Dann sterben sie aus.

Wir, gerade wir Öffentlich-Rechtlichen, werden die Gnadenfrist nutzen und uns dem neuen Maßstab stellen. Wir müssen jetzt schon für jede Sendung, jeden Beitrag eine Antwort erarbeiten auf die immer berechtigte Frage: Warum sollte sich das jemand anschauen? Jemand, der in dem Augenblick zig andere Möglichkeiten hat, sich zu informieren oder zu zerstreuen. Immer wieder fragen wir uns während des Tages: Wo auf unseren Planungszetteln ist der Beitrag, den wir heute Nacht freiwillig und privat per Facebook oder Twitter mit unseren Freunden teilen, weil sie ihn unbedingt sehen müssen? Oft haben wir eine Antwort, aber nicht oft genug.

Ich will nichts davon hören, dass solche Fragestellungen ins Infotainment und zu Verflachung führten. Das ist ein faules Argument von faulen Journalisten. Es geht hier nicht darum, Schenkelklopfer oder Leichtgewichte zu produzieren. Es geht darum, wichtige und schwierige Inhalte so zu packen, dass ein Mensch, der einen Tag Arbeit hinter sich hat, das um zehn Uhr abends noch mit Interesse sehen und verstehen kann. Der Unterschied zwischen einem langweiligen, inhaltsarmen Bericht und einem, der einen nicht mehr loslässt, sind zu allererst die Mühe, die sich der Autor gibt, die Zeit, die man ihm lässt und am Ende die 50 Prozent mehr Anstrengung, mehr Wissen, mehr Talent, die es braucht, um 5 Prozent besser zu werden. Das führt zum Thema der Ressourcen für unsere Arbeit.

Was es braucht

Die finanzielle Ausstattung des öffentlich-rechtlichen Rundfunks in Deutschland ist – im Vergleich mit Großbritannien beispielsweise – so, dass man sich nicht beklagen darf. Der gesetzlich festgelegte Haushaltsbeitrag[8] ist gemessen am Angebot von ARD, ZDF, arte, Phönix, Hörfunk- und Tochterprogrammen außerordentlich preiswert. Und addiert sich doch auf über neun Milliarden Euro im Jahr. Sehr viel Geld. Trotzdem stoßen wir im redaktionellen Alltag immer wieder an Grenzen, die weh tun.

Haben wir an den aktuellen Brennpunkten des Weltgeschehens wie in Asien, Afrika, Lateinamerika und der arabischen Welt die Präsenz, die es braucht, um das Geschehen dort zu durchschauen, zu verstehen und dann zu erklären? Spätestens seit dem 11. September 2001 wissen wir ja, dass uns nicht gleichgültig sein kann, was sich in fernen Tälern des Hindukusch zusammenbraut. ARD und ZDF sind zu Recht stolz auf ihr Korrespondentennetz rund um den Globus. Aber in der Regel muss beispielsweise für das ZDF ein einzelner Korrespondent in Kairo das riesige Gebiet von Bagdad bis Jemen, von Amman bis Tripolis allein im Auge behalten und bereisen und dabei in einem Dutzend Ländern, mehreren zeitgleichen Kriegen und einer unübersehbaren Zahl von Kulturen, Clans und Streitpunkten immer auf der Höhe der Ereignisse sein.

Von Singapur aus beobachtet ein einzelner Kollege ganz Südostasien und Ozeanien – also Australien, Bangladesch, Indien, Indonesien, Kambodscha, Laos, Malaysia, Myanmar/Burma, Nepal, Neuseeland, Ost-Timor, Pakistan, Papua-Neuguinea, Sri Lanka, Thailand und Vietnam und mehr. Zusammengenommen sind das fast zwei Milliarden Menschen, ein Siebtel der Erdoberfläche und eine Weltregion, die das 21. Jahrhundert stärker prägen wird, als Europa das kann. Stehen Aufwand und Bedeutung da in einem angemessenen Verhältnis?

Was die Korrespondenten auf den Sender bringen, macht uns stolz. Und doch erleben wir intern, dass sie oft am Rande des Menschenmöglichen operieren und trotzdem nicht überall sein können. Immer wieder müssen wir von jetzt auf gleich zusätzliche Reporter aus der Zentrale in Krisengebiete schicken, wo wir ihnen sofort nach der Landung Berichte und Analysen abverlangen. Und das im schnell getakteten Rhythmus der Nachrichtensendungen. Sie gehören zu den besten. Sie beherrschen die Kunst der Journalisten, komplexe Zusammenhänge in kürzester Zeit zu erfassen und verständlich weiterzugeben. Die Beziehungsnetze der festen Korrespondentenbüros für die Region machen vieles möglich. Trotzdem ist mir die permanente Überforderung oft unheimlich.

Ich habe noch die Bilder von Weihnachten 1992 im Kopf, als der erste Präsident Bush in Abstimmung mit seinem bereits gewählten Nachfolger Bill Clinton Marines ans Horn von Afrika schickte, um in Somalia ein Minimum an Ordnung und humanitärer Versorgung zu sichern – und langfristig den Einfluss der USA in dieser Region. Das war die Aktion, die in der Tragödie »Black Hawk Down« und einer Demütigung der Weltmacht endete.

Damals hatten die US-Networks ein Sparprogramm hinter sich. Der kalte Krieg war ja vorbei. Die Aktionäre verlangten Friedensdividenden. In Somalia gingen die CNN-Reporter im Licht der Kameras gemeinsam mit den US Marines an Land – so ahnungslos über die Region und ihre Machtstrukturen wie sie. Kein US-Network hatte mehr eine feste Präsenz in Afrika. ARD und ZDF waren besser aufgestellt. Und berichteten aus besserer Kenntnis kritischer. So soll es sein. Nach dem Schock von 9/11 haben die Networks wieder aufgeholt.

Jetzt wäre bei uns die richtige Zeit für eine nach innen wie außen spürbare Investition in Information, die die öffentlich-rechtlichen Anbieter haushoch herausragen lässt, wenn es darum geht, die Welt zu erklären und die laufende Medienrevolution zu nutzen. Nicht im Interesse der Korrespondenten und Nachrichtenredaktionen, sondern im Interesse der Öffentlichkeit.

Facebook & Co. wollen, dass wir unseren gesellschaftlichen Diskurs ihren Rechnern überlassen. Das wäre bequem, ist aber keine Option. Ihr „Newsfeed Algorithm" lockt die Nutzer immer tiefer in die Echokammern ihrer eigenen Vorstellungswelten, er dient den Spaltern und perfektioniert das Geschäftsmodell der Social-Media-Milliardäre. Die weigern sich, Verantwortung für die Folgen ihres Tuns zu übernehmen. Versuche der Politik, sie dazu zu zwingen, wirken bisher wie hilfloses Gestrampel. Gleichzeitig dürfen wir keinen Weg einschlagen, der Richtung Zensur und „Wahrheitsministerium" führen könnte. Es gibt keine Alternative dazu, die tragenden Säulen unserer Medienlandschaft zu stärken und zukunftstauglich zu machen. Das ist keine exklusive Domäne öffentlich-rechtlicher

Häuser, aber auf sie muss man sich jetzt ganz besonders gut verlassen können. Der ehemalige Verfassungsrichter Wolfgang Hoffmann-Riem, dessen Rechtsprechung viel dazu beigetragen hat, dass öffentlich-rechtlicher Rundfunk zukunftssicher blieb, verlangt dafür ein »aliud«, ein von privaten Angeboten grundsätzlich wesensverschiedenes Programm. Die Forderung ist dringender denn je.

Das darf nach Lage der Dinge und nach dem Interesse des Publikums kein Ghetto für Kultur und Information bedeuten. Nachrichten von ARD und ZDF sind auch deshalb so erfolgreich, weil sie eingebettet sind in ein populäres Vollprogramm, das auf hohem Niveau Unterhaltung und Kultur bietet. Die News sind darauf angewiesen, dass diese Angebote mit neuen, innovativen Programmen jüngeres Publikum erreichen. Auch das kostet Geld. Dabei wachsen die Bäume nicht in den Himmel.

2007, nach begeisternden Dreharbeiten im boomenden Indien, bestürmte ich meinen damaligen Chefredakteur, dort eine Filiale des Studios Singapur zu eröffnen. Der Studioleiter bat seit Jahren darum. Nikolaus Brender machte mir kühl ein Angebot: Versprich mir, im *journal* jeden Monat mindestens zwei Berichte aus Indien zu senden, und wir reden darüber. Damit war das Thema beendet. Ich konnte ihm diese Garantie nicht geben.

Ist kaufmännischer Zugang der richtige? Müssten öffentlich-rechtliche Anstalten nicht in der Lage sein, solche Entscheidungen nach Bedeutung der Geschichte statt nach Frequenz der Berichte zu entscheiden? Dafür sorgen, dass Reporter dorthin gehen, die darauf brennen, jeden Tag ohne Berichtspflicht dafür zu nutzen, ihr Wissen zu vertiefen, Kontakte zu knüpfen, Storys zu finden, von denen noch niemand je gehört oder geschrieben hat? Ausspielwege von Digitalkanälen wie Neo, ZDF-Info, über Facebook bis zum *auslandsjournal* und Phoenix gibt es genug. Solche Berichte haben in der Mediathek ein langes, produktives Leben. Und wenn es dann knallt oder neue Flüchtlingsströme aus dem Nirgendwo zu kommen scheinen, weiß unsere Frau oder unser Mann dort, was Sache ist, und die Zuschauer spüren das.

Alle reden darüber, dass die Welt in den letzten Jahren komplizierter geworden sei und dass wir uns weniger denn je leisten können, sie außer Acht zu lassen. Das sollte deutlicher als bisher Konsequenzen haben. Nicht nur im Ausland. Was nach Lage der Dinge sicher nur durch veränderte Prioritäten geschehen kann. Mehr Geld wird es nicht geben. Einflussreichere, klügere Menschen müssen das entscheiden. Aber es ist ein dringendes Anliegen ihrer Nachrichtenmacher.

Es ist auch überlebenswichtig für das Programm und den öffentlich-rechtlichen Auftrag, dass junge KollegInnen wieder ähnliche Chancen bekommen wie seinerzeit meine Generation. Es ist heute sogar wichtiger. Das alte Meister-Lehrling-Verhältnis ist mittlerweile eine Zweibahnstraße. Nie zuvor haben sich zwei Journalistengenerationen auf so vielversprechende Weise überschnitten. Wir alte Hasen brauchen die Digital Natives, die »neue« Medien nicht erlernen müssen, weil sie mit ihnen gemeinsam erwachsen geworden sind. Wie sollen wir den Altersabriss, den die Statistiken zeigen, ohne ihr Know-how und ihre Sozialisation reparieren? Wir sind angewiesen auf junge, idealistische, gut ausgebildete, mit dem Üblichen unzufriedene JournalistInnen, die mit neuen Werkzeugen Neues schaffen wollen, das aber dem Wertekanon klassischer Journalisten entspricht. Seit 2013 musste das ZDF die Tür für sie geschlossen halten, weil die Kommission zur Ermittlung des Finanzbedarfs, die im Auftrag der Öffentlichkeit über die Finanzen der Öffentlich-Rechtlichen wacht, eine Sparauflage bei den Personalkosten verordnet hatte, die einen Abbau von vierhundert Stellen bedeutete. Es erwischte uns zu einer besonders sensiblen Zeit.

Wenn sich die Welt und die Mittel, mit denen wir über sie berichten, so drastisch verändern, wie wir alle es spüren, dann müssten sich die Häuser im Zentrum des Sturms entsprechend verändern. Gemessen daran sehen die großen Anstalten 2017 denen von 2007 trotz aller Neuerungen immer noch sehr ähnlich.

Das Thema ist dünnes Eis für einen, der naturgemäß seine Nachrichten-Profession im Sinn hat, der stets gut behandelt wurde und seit vielen Jahren für eine Flaggschiffsendung arbeiten darf. Das kann aber nicht bedeuten, dass es hier ungesagt bleibt.

Wie weiter?

Jetzt, ganz besonders, braucht unsere Gesellschaft freie, selbstbewusste Journalisten – eine professionelle Speerspitze dessen, was sich in atemberaubender Geschwindigkeit als »Bürgerjournalismus« oder »user generated content« entwickelt. Was wir pauschal »die Zuschauer« nannten, sind in Wirklichkeit Individuen, die sich in Zeiten von Facebook, Twitter und Snapchat nicht mehr als Konsumenten abstempeln lassen, jedenfalls nicht, wenn sie sich für eine Sache besonders interessieren oder gar engagieren. Das Thema »Soziale Medien« beherrscht die Feuilletons und die Fachliteratur, aber sie sind nur ein kleiner Teil des Tsunamis von Innovation, der gerade alle Aspekte unseres persönlichen und gesellschaftlichen Lebens durcheinanderwirbelt. Wir haben den Umfang dieses Innovationsschubs noch gar nicht erfasst. Er springt über alle Grenzen, verändert Berufe, Lebensläufe, die meisten Branchen der Wirtschaft, Produktion, Transport, Handel, Finanzen, Medizin, Bildung. Da geht es längst nicht mehr bloß um Technik. Befeuert von der kreativen Energie und dem Phantastillionen-Kapital der Silicon-Valley-Unternehmen entstehen neue Prozesse, mit denen Gesellschaften ihren Willen bilden und ihre Regierungen wählen. Das ist keine Prophezeiung, das ist eine Beschreibung des »Jetzt«.

Wir erleben »kreative Zerstörung live« in noch nie dagewesenem Umfang und nie dagewesener Geschwindigkeit und merken es nicht so recht, weil man im Alltag nur die netten kleinen Geräte sieht, die einem den Informations- und Wissensschatz der Menschheit buchstäblich in die Hand geben – jederzeit und überall. Google und Facebook liefern sich gerade einen Wettbewerb, wem es schneller gelingt, die noch nicht erreichten Menschheitsmilliarden einzufangen. Solche Entwicklungsschübe sind aufregende Zeiten voller Verheißung und Gefahr. Wer im Tunnelblick seiner Scheuklappen Parolen von Hass und Ausgrenzung schreit, hat zu den fälligen Richtungsentscheidungen nichts beizutragen.

Ich weigere mich jedoch zu glauben, dass jeder, der angesichts so massiver Veränderungen zunächst einmal einfachen Botschaften glaubt, unerreichbar ist für eine vernünftige Debatte. Die kann aber nicht stattfinden, wenn Fakten und Wahrheit beliebig werden. Die Willensbildung der Gesellschaft braucht die Beschreiber der Lage, die Erforscher von Hintergründen und Zusammenhängen, die Geschichtenerzähler, mit anderen Worten: den Transmissionsriemen der professionellen Medien. Diese Prozesse sind keine Einbahnstraße – Einbahnstraßen fallen überhaupt gerade aus der Zeit.

Grundwissen darüber, wie Medieninhalte entstehen und zu beurteilen sind, gehört in einer vernetzten Gesellschaft zur Grundausstattung eines Menschen wie der kundige Umgang mit Smartphones, PCs und (bald) selbstfahrenden Autos. Dazu müssen Journalisten die Fallstricke und Trickkisten ihres Gewerbes transparent machen.

Wer heute mitreden möchte – und das sollten alle sein – muss die Machart von Berichten und die Tricks der »alternative fact«-Produzenten erkennen und durchschauen können, wissen, wie man oft mit wenigen Klicks scheinbar sensationelle Storys prüfen kann. Das fällt nicht vom Himmel, das macht

Arbeit. Noch werden die meisten Links ausgestreut, ohne dass Absender sie vorher geöffnet und gelesen haben – allein wegen ihrer marktschreierischen Überschriften. Die Gesellschaft wird nicht auf Menschen verzichten können, die sich von Berufs wegen mit Information Arbeit machen und sich Vertrauen tagtäglich verdienen müssen.

Wir haben in Deutschland von *FAZ* bis *taz*, mit *Cicero*, *Spiegel* und *Freitag* ein Print-Angebot, auf dessen Vielfalt, kritischen Geist und Unabhängigkeit wir uns verlassen können. Dennoch starten öffentlich-rechtliche Medienhäuser mit dem immensen Privileg, nur dem Produkt und nicht der Quartalsbilanz verpflichtet zu sein, von einer Pole Position – ein großer Vorteil und eine noch größere Verpflichtung. Allerdings auch da wieder: keine Einbahnstraße. Ohne Menschen/Bürger/Zuschauer/ User, die diese Leistung wertschätzen, öffentlich fordern und unterstützen und uns mit kritischer (!) Solidarität begleiten, wird das nichts werden. Notfalls muss man/frau bereit sein, auch dafür Flagge zu zeigen.

Die Wahrheit suchen, mindestens das, was man nach bestem Wissen und Gewissen dafür halten darf, sie aufspüren, freilegen, in Berichte packen und verbreiten zu dürfen, bleibt der schönste Beruf. Die Werkzeuge und Möglichkeiten unseres Handwerks sind mindestens so schnell gewachsen wie die Herausforderungen. Der Kollege Cordt Schnibben vom *Spiegel* schrieb an seine Freunde nach einer Reise um die Welt auf der Suche nach der Zukunft der Zunft: »Wohl nie in der Geschichte des Journalismus gab es in so kurzem Zeitraum so viele Neugründungen, so viele Experimente, so viel Zweifel an dem, was bisher galt. Es ist die Zeit der digitalen Pioniere, der Journalismus erfindet sich gerade neu.« Genauso sehe ich das auch.

Darum lohnt es

Diese Streitschrift ist von Enthusiasmus getragen. Ich bin mehr denn je überzeugt, dass Fakten Schätze sind. Dass sie es wert sind, geborgen, geschützt und geteilt zu werden. Und ich bin überzeugt, dass bei all den grundstürzenden Veränderungen der Technik, der Geschwindigkeit und trotz des Drucks das Wesentliche bleibt. Dass die Seele unseres Berufes in den alten Regeln und dem alten Ethos liegt.

Edward R. Murrow erreichte in den USA mit seinen Reportagen von den Fronten des Zweiten Weltkriegs mehr Publikum als heute die erfolgreichsten Fernsehsendungen. Dabei war er gar nicht im Fernsehen. Das gab es noch nicht. Sein Medium war das Radio, der Klang seiner Stimme. Aber er ging damit so um, dass die Leute das Geschehen im Radio sehen konnten.

Als das Fernsehen dann kam, hat Ed Murrow gezeigt, wie man eine Medienrevolution nutzt. Er wurde Amerikas einflussreichster Journalist. Alle, die nach ihm kamen, Cronkite, Rather, Jennings, Paxman, Friedrichs – you name them – schauten zu ihm auf und haben von ihm gelernt. Nicht nur das Handwerk. Auch die Haltung.

In der McCarthy-Ära, als Amerika einem seiner gelegentlichen Anfälle von Wahnsinn verfiel und aus lauter Angst vor kommunistischer Unterwanderung die Menschenrechte seiner Künstler, Literaten, Politiker, Gewerkschafter, Journalisten mit Füßen trat, zeigte Murrow den Mut des Kriegsreporters. Er war maßgeblich daran beteiligt, dass der Hetzer, Senator McCarthy, gestürzt und vom Hof gejagt wurde.[9] Murrow arbeitete für kommerzielle Sender. Andere gab es nicht. Es ging immer ums Geld. Auch damals waren Verflachung und Verdummung des Programms eine permanente Gefahr. Trotzdem setzten sein Team und er Standards für Fernsehnachrichten, die bis heute gelten.

Auf dem Höhepunkt seines Einflusses hielt Murrow am 15. Oktober 1958 auf der jährlichen Gala der US TV-Journalisten in New York eine Rede über unser Gewerbe, die historisch wurde. Er nannte den Fernseher ein »Instrument«. Wir müssen nur an die Instrumente von heute denken, und Murrow spricht zu uns: »Denen, die glauben, Menschen wollten ernsthafte Nachrichten nicht sehen, sie seien zu dumm oder zu gleichgültig dafür, sage ich, dass es in den Augen dieses Reporters beachtliche Anzeichen für das Gegenteil gibt. Unser Instrument kann unterrichten, es kann aufklären, es kann sogar inspirieren. Aber es kann das alles nur in dem Maß, in dem wir entschlossen sind, es dafür zu nutzen. Sonst sind das alles nur Drähte und Lichter in einer Box. Es gilt, eine große, vielleicht entscheidende Schlacht zu schlagen. Gegen Ignoranz, Gleichgültigkeit und Intoleranz. Dieses Instrument kann dabei eine entscheidende Waffe sein.«[10]

In ein paar Stunden beginnt die nächste Sendung.

Anmerkungen

1 Inga Wagner: Informelle politische Kommunikation. Eine Rekonstruktion des Falls Nikolaus Brender, Springer VS, Wiesbaden 2015.

2 Inga Wagner: Informelle politische Kommunikation. Eine Rekonstruktion des Falls Nikolaus Brender, Springer VS, Wiesbaden 2015.

3 Tatsächlich war die Infamie des Manövers noch größer: Trump wiederholte bei dieser Gelegenheit eine andere Fake News: Dass Hillary selbst im Vorwahlkampf 2008 die Debatte über Obamas Geburtsort gestartet habe. Aber anders als er, Trump, nicht in der Lage war, ihn zur Vorlage seiner Geburtsurkunde zu zwingen. So diente sein Zugeständnis dem nächsten Ziel: dem Sieg über Hillary Clinton.

4 *Frankfurter Allgemeine Zeitung*, 22. 2. 2017.

5 http://www.zeit.de/2012/48/Klimawandel-Marc-Morano-Lobby-Klimaskeptiker (Stand August 2017).

6 »What makes it possible for a totalitarian or any other dictatorship to rule is that people are not informed; how can you have an opinion if you are not informed? If everybody always lies to you, the consequence is not that you believe the lies, but rather that nobody believes anything any longer. This is because lies, by their very nature, have to be changed, and a lying government has constantly to rewrite its own history. On the receiving end you get not only one lie – a lie which you could go on for the rest of your days – but you get a great number of lies, depending on how the political wind blows. And a people that no longer can believe anything cannot make up its mind. It is deprived not only of its capacity to act but also of its capacity to think and to judge. And with such a people you can then do what you please.«

http://www.nybooks.com/articles/1978/10/26/hannah-arendt-from-an-interview (Stand August 2017).

7 Uwe Krüger: *Mainstream. Warum wir den Medien nicht mehr trauen.* C. H. Beck. München 2016.

8 Monatlich 17,50 Euro, davon 4,36 Euro für das ZDF.

9 George Clooney hat als Regisseur und Produzent Edward R. Murrow ein großartiges filmisches Denkmal gesetzt. *Good Night and Good Luck* (2005) ist in Streaming-Diensten abrufbar.

10 http://www.edwardmurrow.com/2012/10/edward-murrow-speech.html (Stand August 2017).